カリスマ小学校教師が教える魔法の一言

逆（さか）あがり とびばこ マット運動が
たった一言で あっというまにできる！

著◎下山真二

日東書院

はじめに

苦手な運動が
できるようになって
運動が大好きに
なってほしい

「ＡさせたいならＢと言え」

これは指導の名人の秘訣です。

運動にはできるようになるポイントがあります。しかし、それをそのまま子どもに伝えても、よい動きを身につけさせることができません。

姿勢をよくさせたいときには「背筋を伸ばしなさい」と言います。しかし、これはＡさせたいときＡを言っているのです。このときは「頭を高く持ち上げなさい」という、まったく違った言い方（Ｂ）がよいのです。子どもたちの姿勢はすぐよくなりました。

ポイントを押さえた指導の言葉や、よい動きをイメージ化できる言葉は、まるで魔法のようです。あっという間にその人の動きを変えて、できるようにしてしまうのです。

本書ではそんな「魔法の言葉」を１００も紹介しています。ぜひ、これらの「魔法の言葉」を試してみてください。他のどんな言葉よりもできるようになるはずです。

運動のできない子はいません。

苦手な運動がなくなり、運動が大好きになってくれる子が増えることを願っています。

著者　下山真二

逆あがり とびばこ マット運動が たった一言であっというまにできる！

CONTENTS

はじめに …………………………………………………… 2

 第1章 マット運動

魔法の言葉				
01	前転①	自分のおヘソを見ながら回ってごらん	10
02	前転②	ヒザの間にタオルをはさんで回ってごらん	12
03	前転③	中指を前に向けて手をついてごらん	13
04	後転	親指を耳につけて回ってごらん	14
05	開脚前転①	足を開くのをギリギリまでがまんしてごらん	16
06	開脚前転②	腕を内ももにつけて前に乗り出してごらん	18
07	側方倒立回転（側転）①	つま先を前に向けて回ってごらん	19
08	側方倒立回転（側転）②	足・手・手・足の順についてごらん	20
09	側方倒立回転（側転）③	足の裏で空に大きな虹をかいてごらん	22
10	かえる逆立ち	ガニマタのヒジにヒザを乗せてごらん	23
11	頭倒立	両手と頭で正三角形をつくってごらん	24
12	首倒立	お腹を出してまっすぐな棒になってごらん	26
13	倒立（逆立ち）①	両手を見ながらカカトで天井を蹴ってごらん	28
14	倒立（逆立ち）②	両腕で顔をはさんでごらん	30
15	倒立（逆立ち）③	足の親指に力を入れてごらん	31
16	首はねおき	天井に向かって両足で蹴ってブリッジしてごらん	32
17	頭はねおき①	頭倒立がたおれる瞬間にバンザイしてごらん	34
18	頭はねおき②	手をついた場所を最後まで見てごらん	36

第2章 鉄棒運動

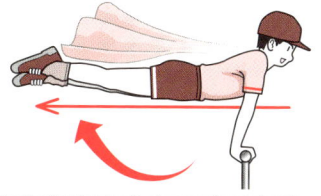

魔法の言葉				
19	鉄棒の握り方	サル手ではなくカニの手になってごらん	38
20	前回りおり	音がしないように着地してごらん	39
21	逆上がり①	自分の頭があったところを蹴ってごらん	40
22	逆上がり②	太ももを鉄棒に引っかけてごらん	42
23	逆上がり③	アゴを乗せて10数えるまでぶら下がってごらん	44
24	後方支持回転①	鉄棒の上でスーパーマンになってごらん	46
25	後方支持回転②	お腹に鉄棒がぶつかったらダルマになってごらん	47
26	後方支持回転③	アゴにヒザ蹴りをするように回ってごらん	48
27	前方支持回転①	自分の頭をうんと前に放り出してごらん	50
28	前方支持回転②	真下を過ぎたらアゴをすばやく引いてごらん	52
29	前方支持回転③	ネコの手になって上がってごらん	54

第3章 跳び箱運動

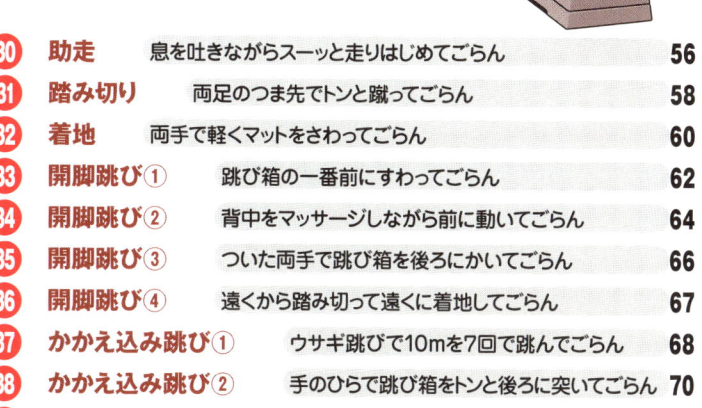

魔法の言葉				
30	助走	息を吐きながらスーッと走りはじめてごらん	56
31	踏み切り	両足のつま先でトンと蹴ってごらん	58
32	着地	両手で軽くマットをさわってごらん	60
33	開脚跳び①	跳び箱の一番前にすわってごらん	62
34	開脚跳び②	背中をマッサージしながら前に動いてごらん	64
35	開脚跳び③	ついた両手で跳び箱を後ろにかいてごらん	66
36	開脚跳び④	遠くから踏み切って遠くに着地してごらん	67
37	かかえ込み跳び①	ウサギ跳びで10mを7回で跳んでごらん	68
38	かかえ込み跳び②	手のひらで跳び箱をトンと後ろに突いてごらん	70
39	かかえ込み跳び③	おヘソを前に出して着地してごらん	71

魔法の言葉				
魔法の言葉	40	台上前転①	上から引っぱられるように腰を上げてごらん	72
魔法の言葉	41	台上前転②	頭をつけないで回ってごらん	74
魔法の言葉	42	台上前転③	両腕の中に頭をつっこんでごらん	76

第4章 陸上運動

魔法の言葉	43	短距離走（腕の振り）	後ろの太鼓をバチでたたきながら走ってごらん	78
魔法の言葉	44	短距離走	笑いながら走ってごらん	80
魔法の言葉	45	短距離走（姿勢）	前に倒れそうになりながら走ってごらん	82
魔法の言葉	46	短距離走（コーナー）	コーナーは右足で走ってごらん	83
魔法の言葉	47	短距離走（スタート）	スタートラインから体を乗り出してかまえてごらん	84
魔法の言葉	48	短距離走（スタート）	「よーい」（うん！）でスタートしてごらん	85
魔法の言葉	49	短距離走（ゴール）	5m先の本ゴールまで走ってごらん	86
魔法の言葉	50	リレー（バトン）	バトンが近づいたら前を向いて逃げてごらん	87
魔法の言葉	51	リレー（バトン）	バトン渡しはいっしょに走ってごらん	88
魔法の言葉	52	ハードル走①	前にいる人に足の裏を見せてごらん	89
魔法の言葉	53	ハードル走②	反対の手で足の指をさわってごらん	90
魔法の言葉	54	走り幅跳び①	空に向かって大きなバンザイをして跳んでごらん	91
魔法の言葉	55	走り幅跳び②	伸ばしたつま先に両手をつけて着地してごらん	92
魔法の言葉	56	走り高跳び（はさみ跳び）	横向きになってバーに近い足を振り上げてごらん	93
魔法の言葉	57	走り高跳び（はさみ跳び）	ヒザを横に向けて足からバーを越えてごらん	94

第5章 水泳

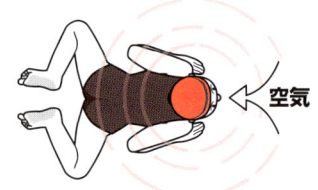

魔法の言葉	58	浮き方	へこませたお腹を見ながら浮いてごらん	96
魔法の言葉	59	けのび	ロケットになって水中を進んでごらん	98

魔法の言葉				
魔法の言葉	60	クロール（手のかき）	空からヒジが引っぱられるようにしてごらん	100
魔法の言葉	61	クロール（手のかき）	指の先で水をつきさしてごらん	101
魔法の言葉	62	クロール（バタ足）	足全体をやわらかい棒にしてごらん	102
魔法の言葉	63	クロール（バタ足）	足の親指がかするように動かしてごらん	104
魔法の言葉	64	クロール（息つぎ）	肩を枕にして肩を見ながら息をしてごらん	105
魔法の言葉	65	平泳ぎ（息つぎ）	"けのび"と"けのび"の間に息をしてごらん	106
魔法の言葉	66	平泳ぎ（手のかき）	手は逆ハートの形に動かしてごらん	108
魔法の言葉	67	平泳ぎ（手のかき）	両腕で水をワキにはさんでごらん	110
魔法の言葉	68	平泳ぎ（カエル足）	足の裏で水を後ろに押してごらん	112

第6章 ボール運動

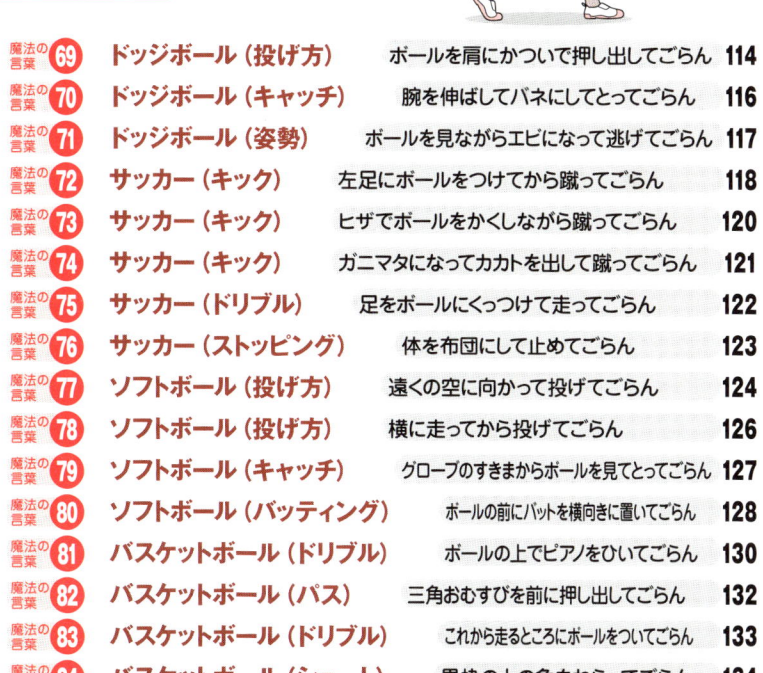

魔法の言葉				
魔法の言葉	69	ドッジボール（投げ方）	ボールを肩にかついで押し出してごらん	114
魔法の言葉	70	ドッジボール（キャッチ）	腕を伸ばしてバネにしてとってごらん	116
魔法の言葉	71	ドッジボール（姿勢）	ボールを見ながらエビになって逃げてごらん	117
魔法の言葉	72	サッカー（キック）	左足にボールをつけてから蹴ってごらん	118
魔法の言葉	73	サッカー（キック）	ヒザでボールをかくしながら蹴ってごらん	120
魔法の言葉	74	サッカー（キック）	ガニマタになってカカトを出して蹴ってごらん	121
魔法の言葉	75	サッカー（ドリブル）	足をボールにくっつけて走ってごらん	122
魔法の言葉	76	サッカー（ストッピング）	体を布団にして止めてごらん	123
魔法の言葉	77	ソフトボール（投げ方）	遠くの空に向かって投げてごらん	124
魔法の言葉	78	ソフトボール（投げ方）	横に走ってから投げてごらん	126
魔法の言葉	79	ソフトボール（キャッチ）	グローブのすきまからボールを見てとってごらん	127
魔法の言葉	80	ソフトボール（バッティング）	ボールの前にバットを横向きに置いてごらん	128
魔法の言葉	81	バスケットボール（ドリブル）	ボールの上でピアノをひいてごらん	130
魔法の言葉	82	バスケットボール（パス）	三角おむすびを前に押し出してごらん	132
魔法の言葉	83	バスケットボール（ドリブル）	これから走るところにボールをついてごらん	133
魔法の言葉	84	バスケットボール（シュート）	黒枠の上の角をねらってごらん	134

魔法の言葉				
85	バスケットボール（シュート）	おでこに片手をつけてから押し出してごらん	136
86	バスケットボール（シュート）	ゴールの上にボールをやさしく乗せてごらん	137
87	バレーボール（レシーブ）	両腕に乗せた板を持ち上げてごらん	138
88	バレーボール（パス）	三角おむすびの中からボールを見てごらん	140

第7章 その他の運動

魔法の言葉			
89	一重跳び（前回し跳び）	連続ジャンプしながら前に進んでごらん	142
90	交差跳び	おヘソの前で開いたり閉じたりしてごらん	144
91	二重跳び①	一重跳びを30秒間で70回以上跳んでごらん	146
92	二重跳び②	ビュビュンという音を出してごらん	148
93	大なわとび	おりてきたロープにくっついて入ってごらん	150
94	フラフープ	おヘソを前後に動かしてごらん	152
95	竹馬	腕を伸ばして前に倒れながら歩いてごらん	153
96	平均台	足の裏でなぞりながら歩いてごらん	154
97	登り棒	シャクトリ虫になって登ってごらん	155
98	スキップ	片足2回のケンケンで走ってごらん	156
99	一輪車	行きたい所におヘソを向けてごらん	157
100	フライングディスク	投げ終わったら腕を伸ばして相手を指さしてごらん	158

おわりに …………………………………………………… 159

第1章 マット運動

	項目	難易度
P10	前転①	★☆☆
P12	前転②	★☆☆
P13	前転③	★☆☆
P14	後転	★☆☆
P16	開脚前転①	★★☆
P18	開脚前転②	★★☆
P19	側方倒立回転①	★★☆
P20	側方倒立回転②	★★☆
P22	側方倒立回転③	★★☆
P23	かえる逆立ち	★★☆
P24	頭倒立	★★☆
P26	首倒立	★☆☆
P28	倒立(逆立ち)①	★★☆
P30	倒立(逆立ち)②	★★☆
P31	倒立(逆立ち)③	★★☆
P32	首はねおき	★★★
P34	頭はねおき①	★★★
P36	頭はねおき②	★★★

マット運動 前転①

魔法の言葉 01
自分のおヘソを見ながら回ってごらん

マット運動の「前転（前回り）」は、体を小さく丸めることが一番のポイント。自分のおヘソを見て、背中を小さく丸めれば、なめらかに回転することができます。

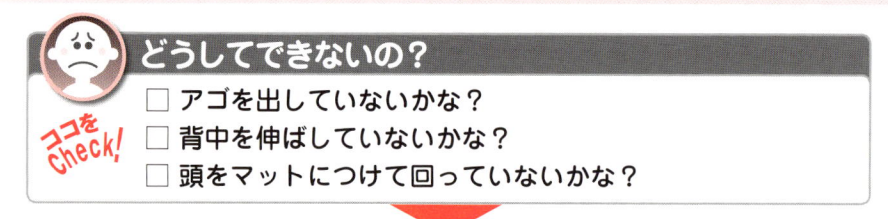

どうしてできないの？ ココをCheck!
- ☐ アゴを出していないかな？
- ☐ 背中を伸ばしていないかな？
- ☐ 頭をマットにつけて回っていないかな？

コレで解決! アゴをひいて、体を小さく丸める

マット運動の「前転（前回り）」で一番大切なポイントは、体を小さく丸めることです。体をボールのように小さく丸くすれば、なめらかな回転で前転をすることができます。

人間の体は、アゴをひくと背中が丸まり、反対にアゴを出すと胸が反るようになっています。つまり、体を小さく丸めるためには、アゴをひいて背中が丸まるようにしなければいけません。

自分のおヘソを見るようにすると、自然に、アゴをひいた姿勢になります。同時に背中が丸まり、体を小さくすることができます。そのため、「自分のおヘソを見ながら回ってごらん」という言葉をかけると、自然とアゴがひけて体が丸まって、なめらかな前転が上手にできるようになるのです。

できないときは もうひとこと!! ハンカチをアゴにはさんで回ってごらん

「ハンカチをアゴにはさんで回ってごらん」という言葉も効果があります。何かをアゴにはさむと、自然とアゴをひいた姿勢になるためです。はさむものは、タオルや赤白帽など何でもかまいません。「ハンカチをアゴにはさんだまま前転ができるかな？」と言って、挑戦させてもよいでしょう。

自分のおヘソを見る

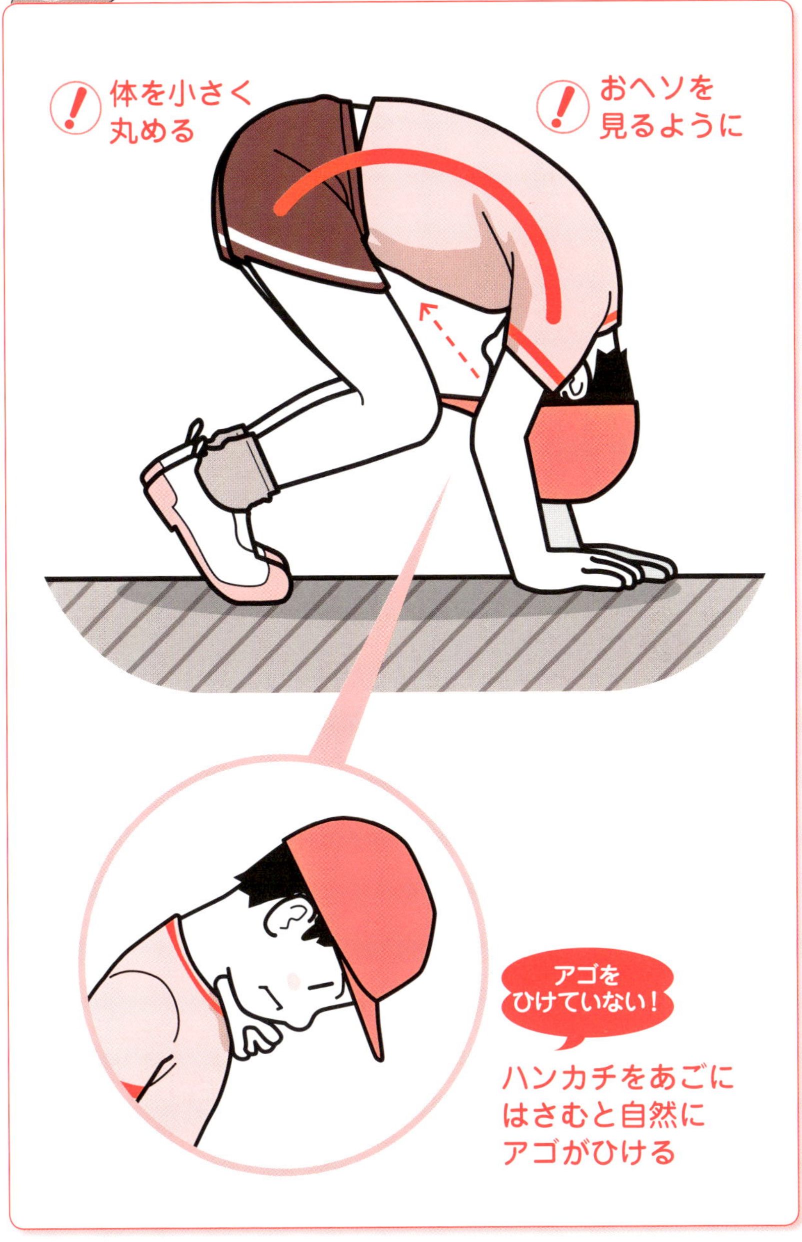

! 体を小さく丸める

! おヘソを見るように

アゴをひけていない！

ハンカチをあごにはさむと自然にアゴがひける

マット運動 前転②

魔法の言葉 02　ヒザの間にタオルをはさんで回ってごらん

どうしてできないの？

□ 足が開いていないかな？
□ ヒザが伸びていないかな？

コレで解決！　タオルをはさんでヒザをそろえる

「前転」のときに両足をそろえられず、足が開いたまま回ってしまう子がいます。そんなときは、「足をそろえて回ろう」と言うよりも、両ヒザでタオルやハンカチ、赤白帽などをはさませるほうが効果があります。
「ヒザの間にタオルをはさんで回ってごらん」という言葉をかけることでヒザに力が入り、自然に足をそろえることができるでしょう。回っている途中で足が開くことなく、ヒザが曲がったまま回転できるので、コンパクトでなめらかな前転ができるようになります。
この言葉は、後転のときも同様に使うことができます。

⚠ ヒザに力を入れる
⚠ ヒザの間にタオルをはさむ
⚠ 両足をそろえる

マット運動 前転③

魔法の言葉 03 中指を前に向けて手をついてごらん

 **どうしてできないの？**

☐ 指先が外側や内側に向いていないかな？

 指は軽く開いて指先を正面に向ける

　「前転」でマットに手をつくときに、指先が外側や内側に向いてしまう子が多くいますが、手首を痛める危険があるので、指は軽く開いて指先は正面に向けさせるようにします。

　「中指を前に向けて手をついてごらん」 と言うと、中指に意識がいくようになり、全体の指が軽く開いて正面に向けることができます。「指を前に向けてごらん」と簡単な言葉で伝えるよりも具体的で、自然な手のつき方を体で覚えるようになります。

　この言葉は跳び箱運動の台上前転のときにも使えます。

 中指を前に向けて手をつく

 指は軽く開いて正面に向ける

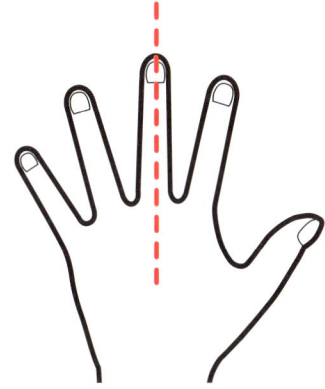
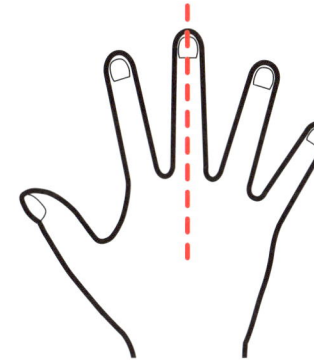

マット運動 後転

魔法の言葉 04

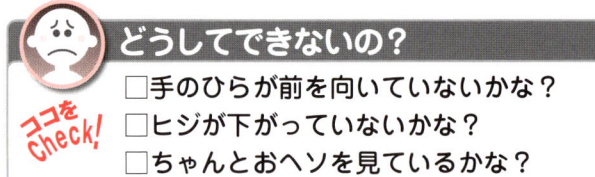

親指を耳につけて回ってごらん

マット運動の「後転（後ろ回り）」で大切なことは、回る前の手のかまえ。手のひらを上に向けて頭の左右でかまえ、体を倒してまっすぐマットに手をつくようにします。

ココをCheck! どうしてできないの？

- □ 手のひらが前を向いていないかな？
- □ ヒジが下がっていないかな？
- □ ちゃんとおヘソを見ているかな？

コレで解決！ 両手のひらを上に向け、ヒジを上げる

マット運動の「後転（後ろ回り）」で、手のひらをうまくマットにつけられず、起き上がれない子が多くいます。

大切なポイントは、回る前の手をかまえる位置。両手のひらを上に向けて頭の左右において、ヒジを上げるようにします。そのままの姿勢で後ろに倒れると、自然と手のひらがマットにつきます。手のひらがマットについたら、マットを押して起き上がりましょう。

「親指を耳につけて回ってごらん」という言葉で、正しいイメージのかまえになります。マットに向かって、まっすぐ手をつくことができれば、手首を痛めることもありません。

「親指を耳につけて回ってごらん」という言葉をかけるだけでも、ぐんと動きがよくなります。

できないときはもうひとこと!! 体を小さく丸めて回ってごらん

前転のときと同様、上手に回るためには体を小さく丸めることが大切です。そのため、「体を小さく丸めて回ってごらん」という言葉は、後転でも有効です。自然とアゴをひいた姿勢になるため、背中が小さく丸まって、なめらかに回転することができます。

親指を耳につけて回る

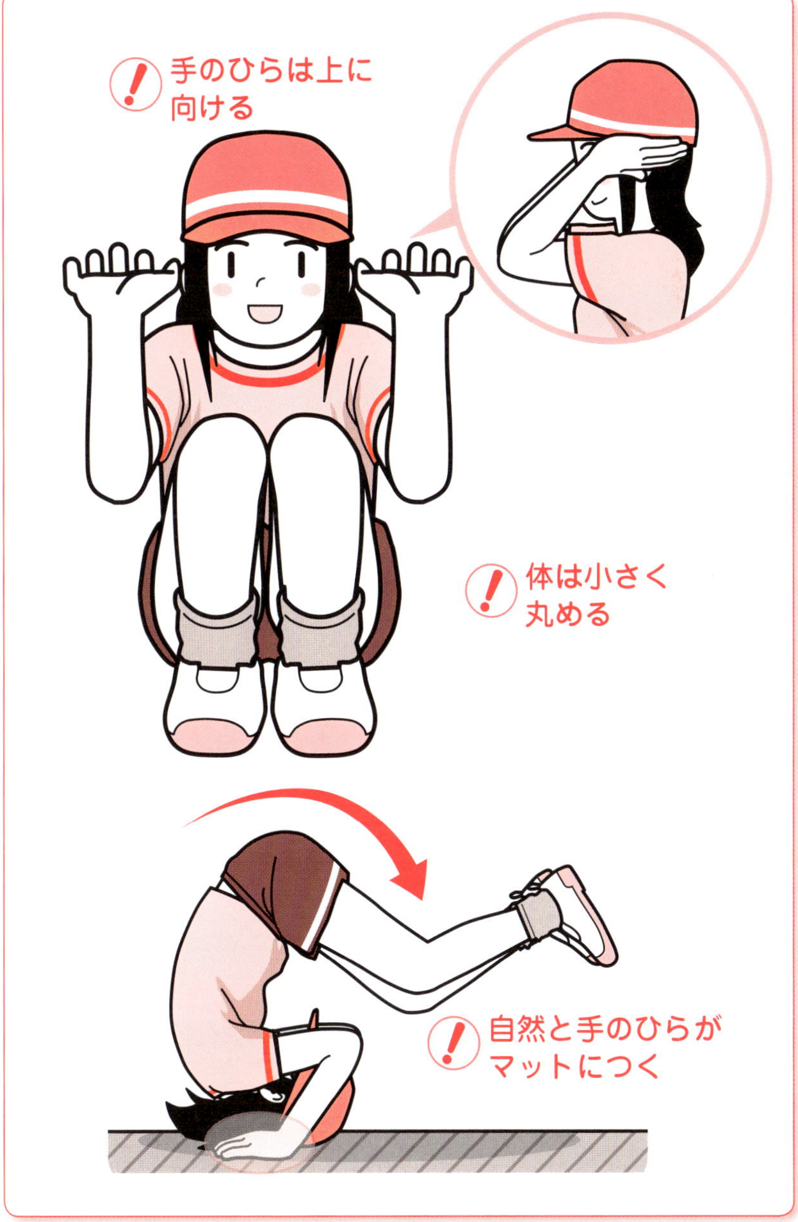

- 手のひらは上に向ける
- 体は小さく丸める
- 自然と手のひらがマットにつく

マット運動 開脚前転①

魔法の言葉 05 足を開くのをギリギリまでがまんしてごらん

「開脚前転」ができないのは、足を左右に開くタイミングが早く、回転のスピードが落ちてしまっているため。カカトがマットにつく直前に足を開くことがポイントです。

ココをCheck! どうしてできないの？
- □ 両足を開いたまま回転していないかな？
- □ 足を早く開きすぎていないかな？
- □ ヒザが曲がっていないかな？

コレで解決! マットにつく直前で足を左右に開く

普通の前転はうまくできるのに、足を左右に開いて起き上がる開脚前転はなかなかできない子が多いようです。その原因は、早いタイミングで足を開いてしまい、回転のスピードが遅くなるからです。

「開脚前転」のポイントは、足を開くタイミング。両足のカカトがマットにつく直前に足を左右に開くようにします。そうすると、回転のスピードが落ちることなく、勢いをつけたまま、手でマットを押して起き上がることができます。

「**足を開くのをギリギリまでがまんしてごらん**」という言葉で、早いタイミングで足が開かなくなります。

マットに手をつく直前に、そろえていた足が左右に開く様子を、自分の目でしっかりと見えていることが大切です。

できないときはもうひとこと!! マットの20cm上でパッと開いてごらん

うまくできない場合は、首倒立や仰向けに寝転がった状態から練習するとよいでしょう。また、「マットの20cm上でパッと開いてごらん」と具体的な数値を示すほうがイメージしやすい場合もあります。

その方法に慣れてきたら、通常の前転から行うようにします。

足を開くのは ギリギリまでがまん

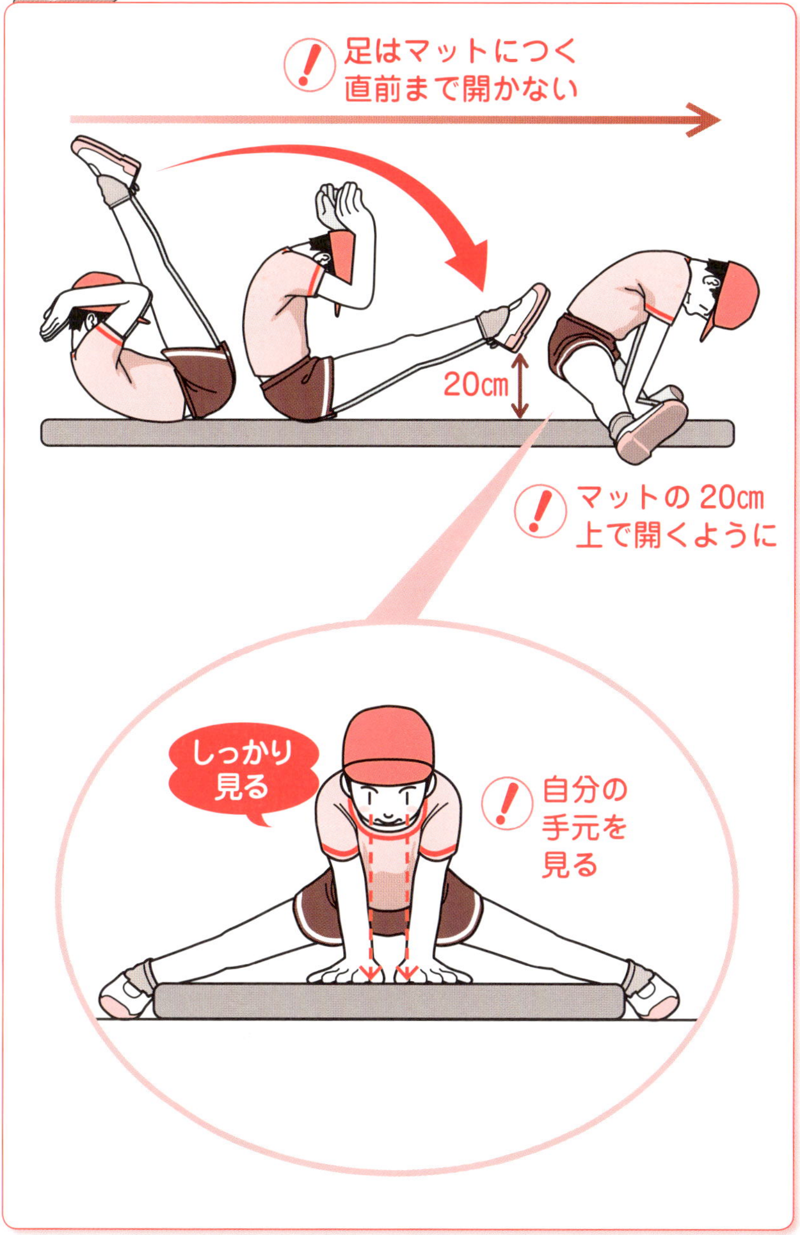

! 足はマットにつく直前まで開かない

! マットの20cm上で開くように

しっかり見る

! 自分の手元を見る

第1章 マット運動

マット運動 開脚前転②

魔法の言葉 06
腕を内ももにつけて前に乗り出してごらん

どうしてできないの？

ココを Check!
☐ 手を前の方でついていないかな？

コレで解決！ 両手は手前につける

　「開脚前転」がうまくできない原因の1つに、起き上がるときについている手の位置が間違っているということがあります。

　マットの前のほうで手をついてしまうと、うまく起き上がれません。手がつっぱってしまい、体を前に倒せなくなり、お尻が持ち上がらないのです。

「腕を内ももにつけて前に乗り出してごらん」 という言葉をかけてあげることで、手前についた両手に体重をかけられるようになります。両腕に体重を乗せて、体をさらに前に倒すと、お尻がマットから離れて自然と起き上がれるようになります。

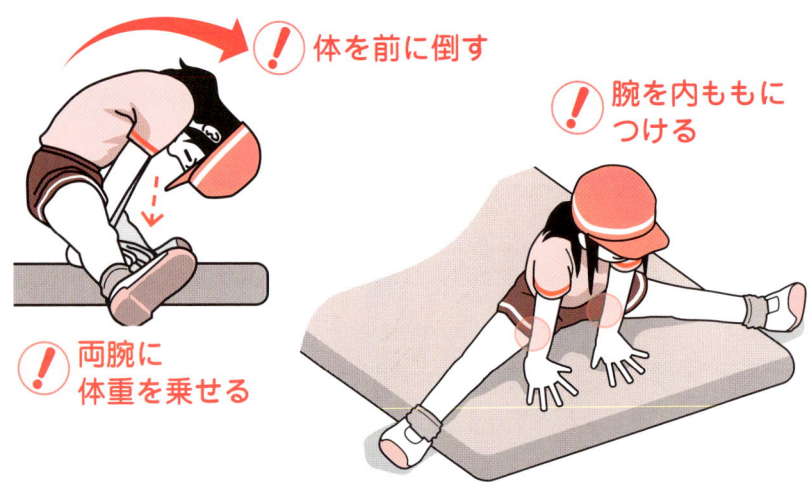

⚠ 体を前に倒す
⚠ 腕を内ももにつける
⚠ 両腕に体重を乗せる

マット運動 側方倒立回転（側転）①

魔法の言葉 07 つま先を前に向けて回ってごらん

どうしてできないの？

ココを Check!
☐ つま先を横に向けていないかな？

コレで解決！ つま先は進行方向に向ける

「側方倒立回転」とは一般に、「側転」と呼ばれている技です。

多くの子が体を横向きにしたまま側転しようとします。しかし、これでは体を横に向けたときに、つま先もいっしょに横向きになってしまうので、非常にやりにくいのです。なかには、まったくできなくなる子もいます。

そんなときは、「つま先を前に向けて回ってごらん」という言葉をかけて、体とつま先を進行方向に向けるように意識させます。すると、ぐんと回りやすくなります。

また、回り終わったら逆方向（回り始めた方向）に体を向けるようにします。

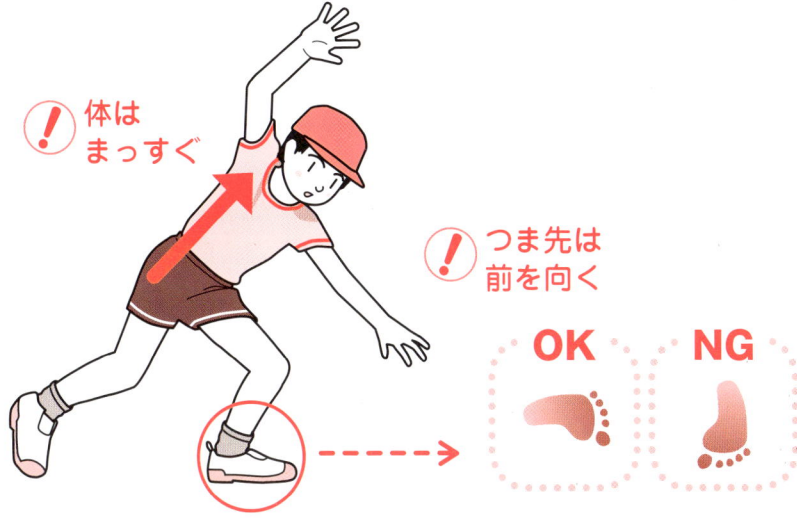

⚠ 体はまっすぐ

⚠ つま先は前を向く

OK　NG

マット運動 側方倒立回転（側転）②

魔法の言葉 08 足・手・手・足の順についてごらん

逆さになったときに、一瞬だけ片手で倒立をしている状態になるのが「側転」。そのため、片手ずつ順番にマットにつけることが、うまく回るためのポイントです。

どうしてできないの？

ココを Check!
- □両手を同時についていないかな？
- □足と手のつく位置が近くないかな？

コレで解決！ 足・手・手・足の順でマットにつける

　「側方倒立回転（側転）」をするとき、両手を一度にマットにつけようとすると、うまく回れません。

　前ページで、前足のつま先を前方に向けるという言葉を紹介しました。このとき前に出ている足が左足ならば、次に左手、右手、右足という順番にマットにつけるようにします。もし、手のひらや足の裏にペンキをつけて側転をしたら、一直線上に、足・手・手・足と等間隔で並ぶようになります。

　「足・手・手・足の順についてごらん」という言葉で、自分が回ろうとする手や足のあとをイメージしましょう。

　手形や足形を紙に書いて切り抜いた物を直線の上に並べ、その上に手足を置いて練習すると、たいへん効果的です。

できないときは もうひとこと!! 円周上を回ってごらん

　直線上で回転するのが難しいようなら、バスケットボールコートのサークルなどを使って、「円周上を回ってごらん」と言葉をかけてください。

　つま先を前に向けるなどのポイントは、通常の側転と変わりません。最初は小さい円からはじめ、慣れてきたら少しずつ円を大きくしていきましょう。

前に出た足と同じ側の手を先につく

⚠ 一度に両手をつけない

⚠ 足・手・手・足の順で

左足　左手　右手　右足

⚠ 片手ずつ順番に

 「側方倒立回転」と「側転」は違う？

「側方倒立回転」というのは、あまり耳慣れない名称ですね。実は、一般に「側転」と呼ばれている技の正式名称なのです。横向きになって倒立をしながら回転する動きから、このように名付けられています。

一方、器械体操で「側転」と呼ばれるのは、しゃがんで手足を縮めて小さくなった状態から横転するという技で、まったく違うものです。

マット運動 側方倒立回転（側転）③

魔法の言葉 09 足の裏で空に大きな虹をかいてごらん

 どうしてできないの？

 □足が曲がっていないかな？

 足を伸ばして大きく開く

　きれいな「側方倒立回転(側転)」をするには、足を伸ばして大きく開くことが重要なポイントです。自分では足を大きく開いているつもりでも、実際は足がまっすぐ伸びていないということがあります。
　自分の動きを客観的に見ることはできません。自分の目で確かめることができないから、よい動きに直すことも難しいのです。
　そんなときは、**「足の裏で空に大きな虹をかいてごらん」** という言葉が役に立ちます。思い描いた虹に自分の足の先が通るところをイメージすれば、足もしっかりと伸び、大きく、きれいな弧を描いた側転ができます。

! 足をのばして大きく開く

! 足の裏で大きな虹をかく

マット運動 かえる逆立ち

魔法の言葉 10 ガニマタのヒジにヒザを乗せてごらん

どうしてできないの？

ココを Check!
□ ヒジが伸びていないかな？

コレで解決！ ヒジを外側に向けて曲げる

　「かえる逆立ち（かえる倒立）」は、まず、両手を八の字について腕を曲げます。次に、外側に向けた両ヒジに、曲げた両ヒザを乗せます。
　ここで難しいのは、自分の腕にヒザを乗せることです。ヒジを外側に向けて曲げるというかまえがわかりにくいのですが、「腕をガニマタにする」という言葉でヒジを十分に張ることができます。
　「ガニマタのヒジにヒザを乗せてごらん」という言葉をかけると、かえる逆立ちの正しいかまえができます。
　そのままの姿勢でゆっくりと前に体重をかけていけば、足が床から離れていき、正しいかえる逆立ちの姿勢になります。

⚠ ヒジはガニマタ

⚠ 腕にヒザを乗せる

マット運動 頭倒立

魔法の言葉 11 両手と頭で正三角形をつくってごらん

頭と両手の三点で体を支え、倒れにくくするのが「頭倒立」です。頭をつく位置を目で確認し、両手と頭で正三角形をつくることを意識します。

どうしてできないの？

ココをCheck!
- □ 頭の横に手をついていないかな？
- □ 両手のほうに体重を乗せていないかな？

コレで解決！ 両手と頭で正三角形をつくる

「頭倒立（三角倒立）」は、両腕と頭の三点で体を支えるため安定感があり、比較的簡単にできる倒立です。ところが、正しい姿勢になっていないと、すぐに前に倒れてしまいます。それは、三点が直線上に並んでいて、前後に不安定な状態になっているためです。

三脚のように、まっすぐ安定した倒立をするには、両手と頭の三点で正三角形をつくることが大切です。「両手と頭で正三角形をつくってごらん」という言葉で、両手をついたあとにつく頭の位置を意識するようになります。

頭頂（頭のてっぺん）をマットにつけ、頭に体重を乗せながら、足をマットから離します。体重は頭のほうに多くかけるようにし、腕でバランスをとるようにします。

できないときは もうひとこと!! おでこのあたりをマットにつけてごらん

最初は足を曲げたまま倒立し、慣れてきたら少しずつ足を伸ばしていきます。できるだけ頭頂をマットにつけたほうがいいのですが、慣れるまでは「おでこのあたりをマットにつけてごらん」と言葉をかけ、かえる逆立ちのようにして、頭と手の正しい位置を理解させます。

両手と頭が正三角形になるように

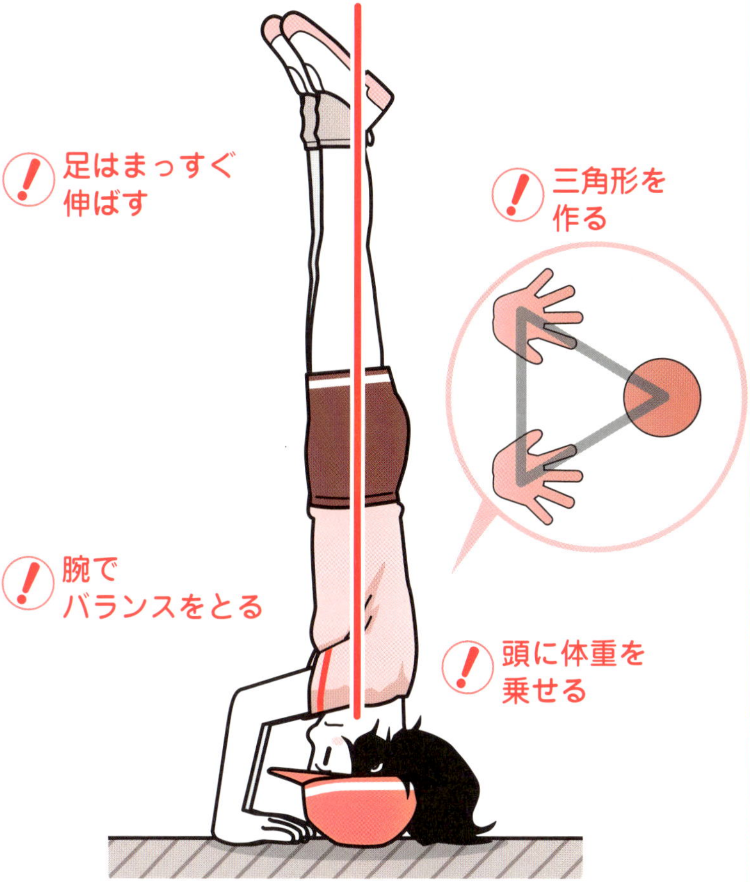

- 足はまっすぐ伸ばす
- 三角形を作る
- 腕でバランスをとる
- 頭に体重を乗せる

COLUMN 「頭倒立」は正座から

頭倒立では、最初は足を曲げたままにします。正座のような曲げ方にすると、重心が低いので倒れにくくなります。そこから、バランスをとりながらゆっくりと足を伸ばしていきます。

体重は頭のほうに多めにかけますが、手のひらのほうにも少し体重をかけるようにしないと、前方に倒れてしまうので注意が必要です。

マット運動 首倒立

魔法の言葉 12　お腹を出してまっすぐな棒になってごらん

「首倒立（首支持倒立）」は難しい技ではありません。運動会の組立体操でよく使われる技で、全員がそろってできるとたいへん見栄えがします。

 どうしてできないの？

- □ お腹をへこませていないかな？
- □ 背中が丸まっていないかな？
- □ ヒザが曲がっていないかな？

そろえた両足を上に伸ばす

「首倒立（首支持倒立）」は、その名称のように首で体を支えながら倒立をします。丸めた背中で体を支えている子が多いのですが、これでは美しい首倒立にはなりません。

ポイントは、首からつま先までを一直線にすること。両足をそろえて、上に向かってまっすぐ伸ばせばよいだけです。地面にクイが垂直に立っているようにします。

そのためには、首を直角にしっかりと曲げて、背中を伸ばすことが大切です。**「お腹を出してまっすぐな棒になってごらん」**という言葉で背中が伸びて、うまくできるようになります。

腰に両手を当てて、お腹をぐっと上に押すようにすると、背中がまっすぐ伸びて一直線になりやすいでしょう。

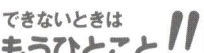 足の先を空に向かってつきさしてごらん

「足の先を空に向かってつきさしてごらん」という言葉も効果があります。首倒立は他の倒立と違って、自分の体を見ながら行うことができるメリットがあります。足の先を空に向かって伸ばすように意識すると、首から先が自然とまっすぐになり、まっすぐできれいな首倒立ができます。

首からつま先を まっすぐな棒にする

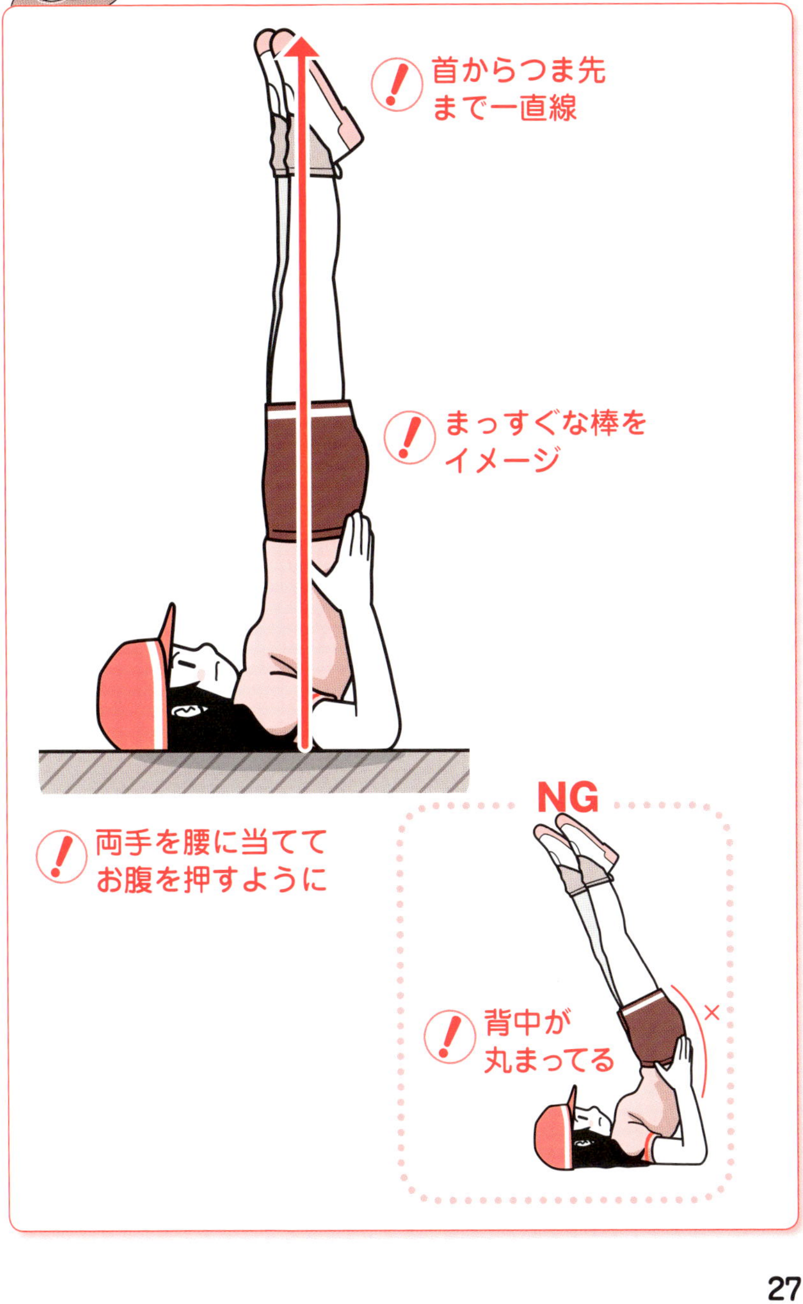

! 首からつま先まで一直線

! まっすぐな棒をイメージ

! 両手を腰に当ててお腹を押すように

NG

! 背中が丸まってる

マット運動　倒立(逆立ち)①

魔法の言葉 13　両手を見ながらカカトで天井を蹴ってごらん

「倒立」で大事なのは床を見ることと、手からつま先が一直線になること。足を振り上げる動きは、側方倒立回転や台上前転でも使うので、しっかり練習して、身につけます。

ココをCheck!　どうしてできないの？

- □ 肩が引けていないかな？
- □ まっすぐ足を振り上げているかな？
- □ きちんと下を見ているかな？

コレで解決!　床を見ながら足を振り上げる

　「倒立(逆立ち)」の練習は、できればおとなの人に補助をしてもらいましょう。補助をする人は片足と両手を前に出してかまえます。
　まず、補助の人の足と自分の両手が正三角形になるように手をつき、この姿勢から片足を振り上げます。立った姿勢から手を振り下ろしたほうが倒立しやすいという人は、それでもかまいません。ただし、組立体操では手をついた状態からの補助倒立をしますので、手をついて行う方法に慣れておいたほうがよいでしょう。
　足を振り上げるときは、床を見ながら肩を前に出すようにします。「両手を見ながらカカトで天井を蹴ってごらん」という言葉をかけると、カカトを意識するようになり、勢いよく足を振り上げることができて、動きがぐんとよくなります。

できないときはもうひとこと!!　床の目玉を見てごらん

　倒立は、かべに向かって練習することができます。そのとき、床を見るようにしないと背中が丸まったり、逆に反りすぎたりします。床に目玉のイラストを置き、それを見ながら練習すると効果的です。「床の目玉を見てごらん」という言葉をかければ、手からつま先までが一直線になります。

両手を見てカカトで天井を蹴る

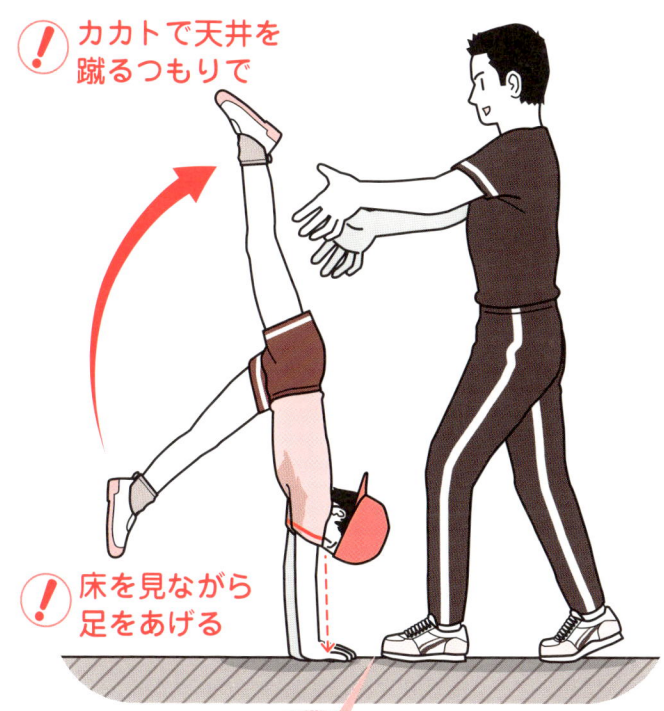

⚠ カカトで天井を蹴るつもりで

⚠ 床を見ながら足をあげる

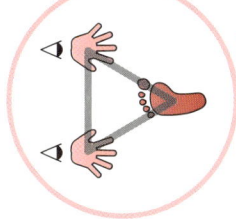

⚠ 手と補助の人の足が三角形になるように

 補助をする人のポイント

　倒立の補助をするときは、足を前後に開き、倒立する子の手の真上の位置に両手をかまえるようにします。

　手はしっかりと開き、振り上げられた足の足首に当たるようにします。足をつかみにいってはいけません。足が補助の人の手に当たったら、軽くつかみ、数秒したら前に押し出すようにして離します。

マット運動 倒立（逆立ち）②

魔法の言葉 14

両腕で顔を はさんでごらん

ココをCheck!　どうしてできないの？
- □ 両ヒジが曲がっていないかな？
- □ 背中が丸まっていないかな？

コレで解決！　腕を伸ばして体を一直線にする

　理想的な「倒立（逆立ち）」の姿勢は、手からつま先までが一直線になることです。そのためには、手のひらで床を突き放すようなイメージで、両腕をしっかりと伸ばすようにします。

　できないときには、「両腕で顔をはさんでごらん」という言葉をかけてください。腕がまっすぐ伸び、体が一直線になります。

　また、「床から顔をもう3cm離してごらん」という言葉も効果的です。顔と一緒に肩も上がり、背中が丸まったり、反りすぎたりせず、まっすぐできれいな姿勢をつくることができます。

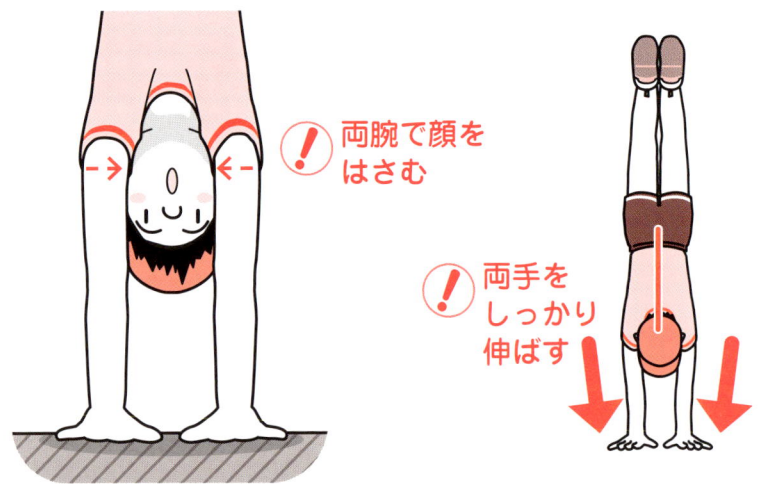

！ 両腕で顔をはさむ

！ 両手をしっかり伸ばす

マット運動 倒立（逆立ち）③

魔法の言葉 15
足の親指に力を入れてごらん

どうしてできないの？ ココをCheck!
- □ 足首が曲がって、足の裏が上に向いていないかな？
- □ 体が曲がったり反ったりしていないかな？

コレで解決！ つま先に力を入れる

　器械体操では、「倒立(逆立ち)」をはじめ、足の先まで伸ばしてきれいな姿勢にする技が多くあります。

　しかし、子どもに「足先までしっかり伸ばそう」と言っても、なかなか思い通りにできません。慣れるまでは、どうしても体重がかかる肩や腕に、意識がいってしまいがちだからです。

　足の先まで伸ばせず、体が一直線にならない子には、**「足の親指に力を入れてごらん」**と言葉をかけましょう。つま先へと意識が集中するので、自然に足の先まで伸びるようになり、きれいな姿勢になります。

　体操競技の選手は、いつでもつま先に力を入れて演技をしているのです。

⚠ 親指に力を入れる

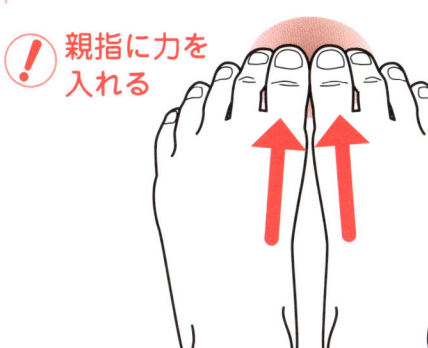

⚠ つま先に意識がいく

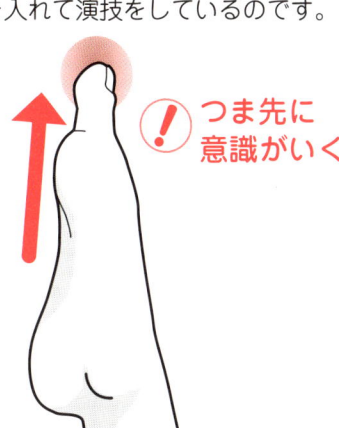

31

マット運動　首はねおき

魔法の言葉 16　天井に向かって両足で蹴ってブリッジしてごらん

「首はねおき」は、仰向けに寝た状態から両足をそろえて一気に立ち上がる技。運動が得意な人がよくやっています。「魚がはねる」イメージで行います。

どうしてできないの？

ココを Check!
- ☐ 蹴るタイミングが早くないかな？
- ☐ 蹴る方向が違っていないかな？
- ☐ 背中が丸まっていないかな？

 コレで解決！　ブリッジになるように素早くはねる

　「首はねおき」のポイントは首で「はねる」ことですが、この「はねる」という動きが子どもにとってとてもわかりにくいのです。箱に入れていた魚が勢いよくはねて飛び出すイメージを持たせます。

　まず、マットに仰向けに寝て、両足をそろえたまま持ち上げます。次に、両足を頭の上のマットにつけてかまえます。このとき、両手のひらは後転のときのようにマットにつけておきます。その姿勢からブリッジになるように、一気に体を反ると同時に両手でマットを押します。素早くはねることと、はねる方向が大切です。

　この動きは、**「天井に向かって両足で蹴ってブリッジしてごらん」**という言葉をかければ、正しいイメージがつかめるようになり、コツをつかむことができます。

 できないときはもうひとこと!!　瞬間的に体を反らせてごらん

　立ち上がるときは、瞬間的に体を反らせる動きが大切です。逆に、腰が内側に曲がっていると、バランスを保つことができません。うまく立ち上がれない子には、「瞬間的に体を反らせてごらん」と言葉をかけましょう。慣れてくると、両足のヒザを伸ばした状態で立ち上がれるようになります。

天井を両足で蹴ってブリッジ

- 両足をそろえる
- 手のひらはマットにつける
- ブリッジになるつもりで
- 両手でマットを押す

JUST 体を反るときに

マット運動　頭はねおき①

魔法の言葉 17　頭倒立がたおれる瞬間にバンザイしてごらん

首はねおきの応用が「頭はねおき」です。頭はねおきは、手の突き放しが弱いと、うまくできません。頭倒立の姿勢から、一気に両手を突き放すことがポイントです。

ココをCheck!

- □ 手の突き放しが弱くないかな？
- □ 途中で腕が曲がっていないかな？

コレで解決!　一気に両手を突き放してはねる

　両手でマットを突き放すようにするのは前ページの「首はねおき」と同じですが、今度は頭で支えながら行います。

　頭倒立のような状態で行いますが、頭ではなくおでこをマットにつけるという点が頭倒立のときと異なります。また、手をつく位置も、正三角形にする必要はありません。

　「頭はねおき」のポイントは、「はねる」位置と方向です。両手と頭をついたら、腰は曲げたままヒザを伸ばし、頭倒立のようになります。そのままガマンして、前にたおれる瞬間に両手を突き放し、足を天井に向かってはねながら体を反らします。

　「**頭倒立がたおれる瞬間にバンザイしてごらん**」という言葉をかけることで、動きのイメージをつくることができます。

できないときはもうひとこと!!　頭をマットからすばやく離してごらん

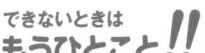

　頭はねおきは、首はねおきと同様にかなり難しい技です。腕の強い突き放しと足ではねることによって、体を持ち上げているのです。「頭をマットからすばやく離してごらん」と言葉をかけ、「はねる」という動作を効果的に伝えてください。首を痛めないように、十分気をつけて練習しましょう。

頭倒立のあとにバンザイをする

- ヒザを伸ばす
- 腰は曲げる
- おでこをマットにつける

- ヒジを伸ばす
- 最後まで体を反らす
- 両手を突き放す

JUST 前にたおれる瞬間に

第1章 マット運動

マット運動 頭はねおき②

魔法の言葉 18

手をついた場所を最後まで見てごらん

どうしてできないの？

ココを Check!
- □ 腰が曲がっていないかな？

コレで解決！ 体を反らして立ち上がる

　「頭はねおき」では、最初から最後まで体が丸まることはありません。いつも背筋が伸びた状態か反っている状態にすることがポイントです。

　失敗の例として、立ち上がるときに腰を曲げてしまうケースが多く見られます。立ったときは、体を反らして床や天井を見たままです。体を反らしたバンザイの姿勢を心がけましょう。

　「手をついた場所を最後まで見てごらん」という言葉をかけることが大切です。立っても体を反らして後ろを見ようとするので、きれいな頭はねおきができるようになります。

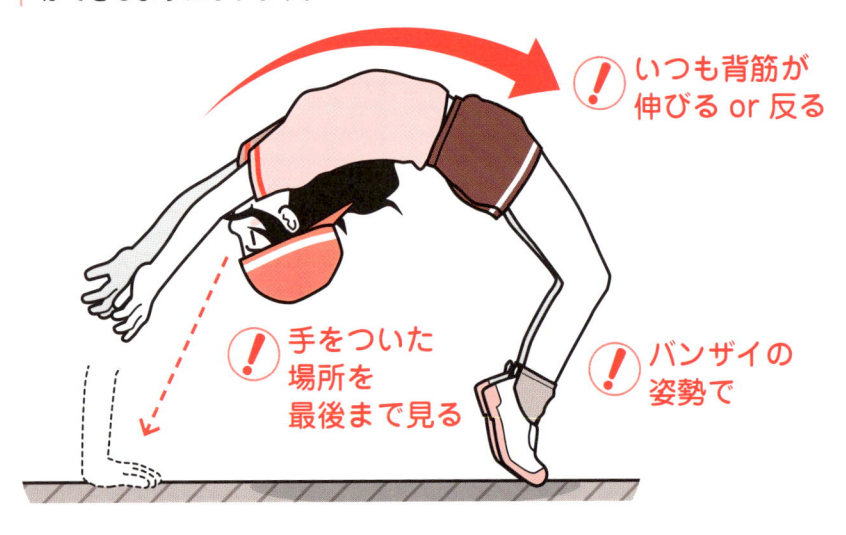

! いつも背筋が伸びる or 反る

! 手をついた場所を最後まで見る

! バンザイの姿勢で

第2章
鉄棒運動

項目		難易度
P38	鉄棒の握り方	★☆☆
P39	前回りおり	★☆☆
P40	逆上がり①	★★☆
P42	逆上がり②	★★☆
P44	逆上がり③	★★☆
P46	後方支持回転①	★★☆
P47	後方支持回転②	★★☆
P48	後方支持回転③	★★☆
P50	前方支持回転①	★★★
P52	前方支持回転②	★★★
P54	前方支持回転③	★★★

鉄棒運動　鉄棒の握り方

魔法の言葉 19
サル手ではなく カニの手になってごらん

ココをCheck!　どうしてできないの？

- □ 鉄棒の握り方が間違っていないかな？
- □ 親指と人さし指がついたまま、鉄棒を握っていないかな？

コレで解決!　鉄棒をカニ手で握る

　実際に鉄棒をする前に、正しい「鉄棒の握り方」ができるようにならなくてはいけません。間違った握り方をしていると、手がはずれてしまい、鉄棒から落ちて、大ケガをする危険があります。

　正しい鉄棒の握り方は、「**サル手ではなくカニの手になってごらん**」という言葉で身につけられるようになります。サルが木にぶら下がるように、5本指をそろえたまま鉄棒を握るのではなく、カニの手のように親指を離して鉄棒を握るようにします。うまくイメージが伝わらない子には、「サル手はダメだよ」と、そのつど声をかけてあげてください。

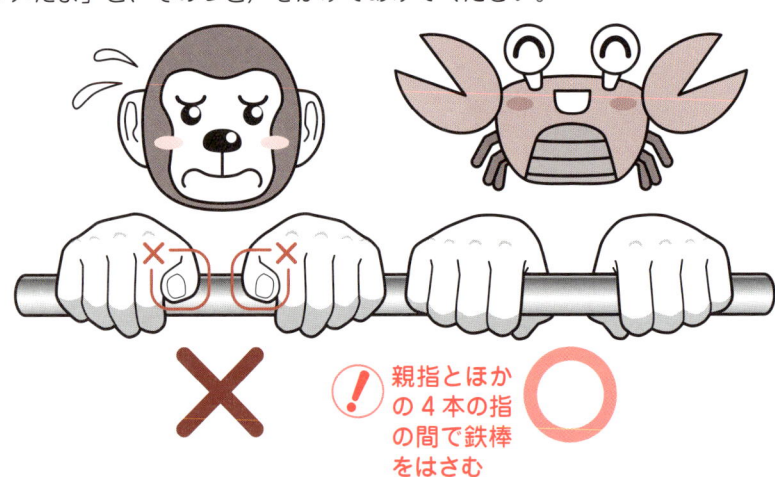

！ 親指とほかの4本の指の間で鉄棒をはさむ

鉄棒運動　前回りおり

魔法の言葉 20　音がしないように着地してごらん

どうしてできないの？ ココをCheck!
- □ 逆さになるのが怖いのかな？
- □ 乱暴におりていないかな？

コレで解決！　ゆっくりと静かにおりる

　鉄棒に上がった状態から前に回って地面におりる「前回りおり」はたいへん簡単な技です。これができない子は、逆さになることに恐怖感があるのです。そのときはまず、マット上での前転を練習するとよいでしょう。
　また、前回りができていても、乱暴にバタンと音をたてて着地してしまう場合がほとんどです。前回りおりは、ゆっくりと静かに前に回って着地するようにしなくてはなりません。**「音がしないように着地してごらん」**という言葉で、ゆっくりと静かにおりるように意識するので、ていねいできれいなおり方ができるようになります。

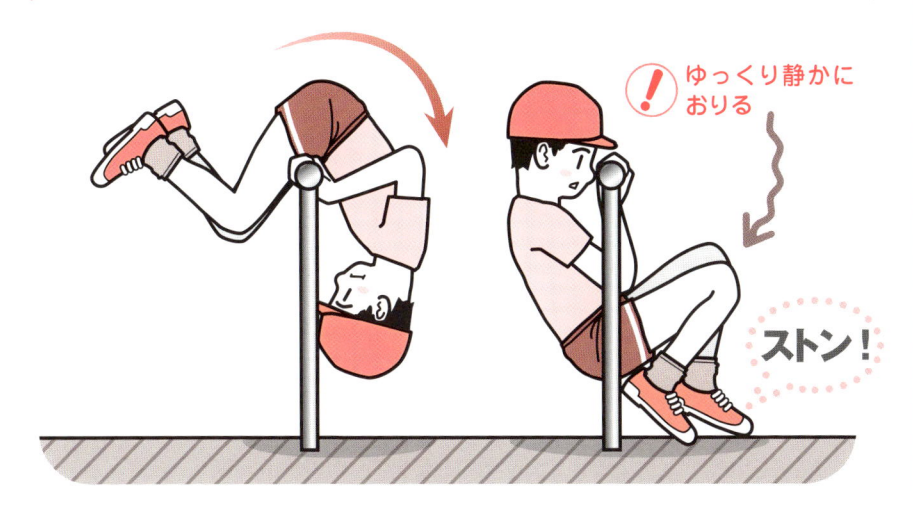

⚠ ゆっくり静かにおりる

ストン！

39

鉄棒運動 逆上がり①

魔法の言葉 21
自分の頭があったところを蹴ってごらん

多くの子どもができなくて困っている「逆上がり」。大切なのは、足を蹴り上げる方向です。サッカーのオーバーヘッドキックを意識して練習しましょう。

ココをCheck! どうしてできないの？
- □ 足を振り上げる方向が間違っていないかな？
- □ 体が反っていないかな？
- □ 足を鉄棒に乗せているかな？

コレで解決! 後ろに向かって足を振り上げる

「逆上がり」は逆さになりながら鉄棒に上がる技です。できるようになるコツは２つあります。それは、「腕の引きつけ」と「足の蹴り上げ」。この両方を失敗すると、絶対に逆上がりはできません。

まず、足の蹴り上げから練習します。逆上がりができない子の多くは、蹴る方向を間違えています。前に蹴ってはいけないのは当然ですが、真上の空へ蹴ってもダメ。これでは回転力が生まれません。自分の後ろの方向を蹴ることを心がけるようにすると、回転力が生まれて、上手に回ることができます。

サッカーのオーバーヘッドキックをする感じがもっとも理想的です。「**自分の頭があったところを蹴ってごらん**」という言葉をかけてあげましょう。イメージがつくりやすく、動きがぐっとよくなります。

できないときは もうひとこと!! もっと後ろを蹴ってごらん

補助をするおとなは鉄棒の真上に手を置き、子どもに蹴らせてください。足を振り上げると同時に、その手を意識して見るので逆上がりがしやすくなります。慣れてきたら、「もっと後ろを蹴ってごらん」と言葉をかけ、手の位置を少しずつ後ろに下げていきましょう。

自分の頭があったところを蹴る

- 前や真上を蹴らない
- 後ろに向かって蹴る
- オーバーヘッドキックをイメージ

COLUMN 「逆上がり」はおりたら失敗

「逆上がり」はその名称通り、鉄棒に逆さになりながら上がる技です。
　当然、鉄棒からおりてしまうと逆上がりは失敗で、できたことにはなりませんので、注意しましょう。
　また、逆上がりの練習をするときは、蹴り足と振り上げる足をきちんと決めておくことが大切です。蹴り足を前にしてかまえます。

鉄棒運動 逆上がり②

魔法の言葉 22 太ももを鉄棒に引っかけてごらん

「逆上がり」は一言でいえば、太ももやおヘソを鉄棒の上に乗せることです。そのために、「腕の引きつけ」や「足の蹴り上げ」を上手に使う練習をします。

ココをCheck! どうしてできないの？

- □ 太ももが鉄棒の上に上がっているかな？
- □ 足を鉄棒にぶつけるだけにしていないかな？

コレで解決! 鉄棒に太ももやおヘソを乗せる

「逆上がり」をするには、自分の体を鉄棒の上に乗せなくてはいけません。足を鉄棒にぶつけるだけではダメ。自分の体を鉄棒に乗せるというのは、おヘソを鉄棒の上に乗せるということです。

そのためには、まず、太ももを鉄棒に乗せることを目標にさせます。しかし、「太ももを鉄棒に乗せるんだよ」と言っても、子どもにはイメージがしにくく、分かりにくいようです。

「太ももを鉄棒に引っかけてごらん」という言葉のほうが、鉄棒に太ももをかけてぶら下がるイメージが伝わりやすくなります。

太ももを鉄棒に乗せることができれば、おヘソを乗せることも簡単にできるようになります。そこから手首を返して体を起こせば、逆上がりの完成です。

できないときはもうひとこと!! 自分のおヘソを鉄棒に乗せてごらん

「自分のおヘソを鉄棒に乗せてごらん」という言葉も効果があります。太ももを鉄棒にかけさせることと同じく、足の付け根を鉄棒の上に乗せさせる言葉です。実際に、鉄棒の上におヘソを乗せてしまうと、少しやりすぎな気もするのですが、子どもには目標を少し大げさに言うほうが効果があります。

太ももを鉄棒に乗せる

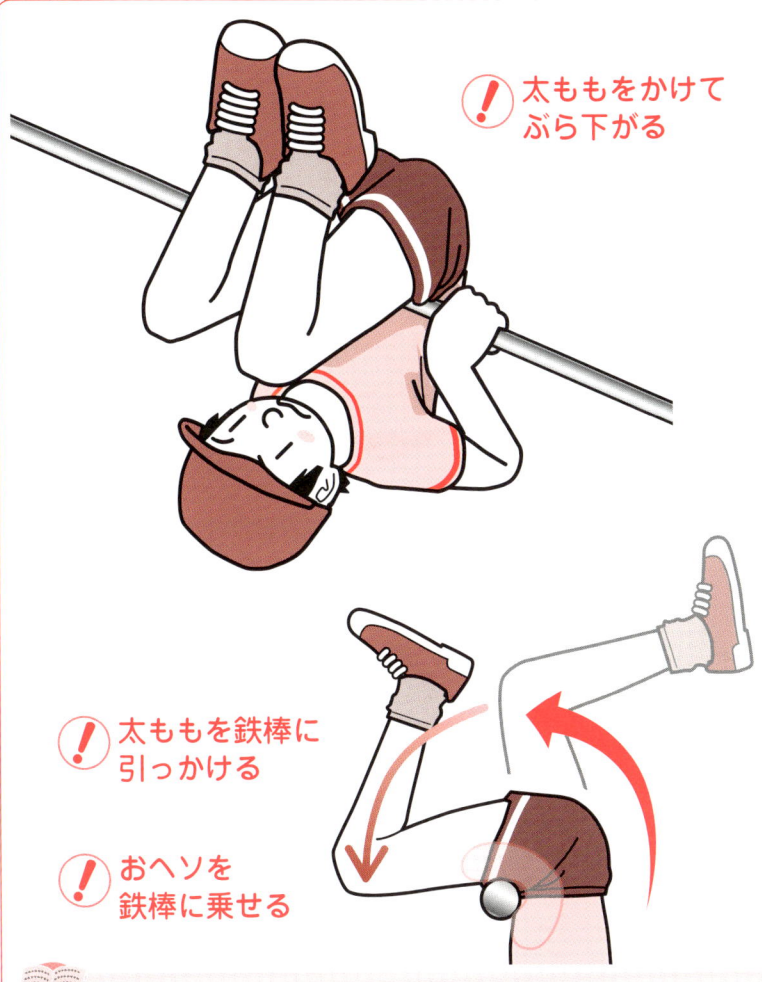

!) 太ももをかけて
　ぶら下がる

!) 太ももを鉄棒に
　引っかける

!) おヘソを
　鉄棒に乗せる

📖 傾斜板があるとGOOD

　本書では紹介できませんでしたが、傾斜した板を置いて、それを利用して逆上がりをする方法があります。（段階別台付き鉄棒練習法）
　坂でできるようになったら傾斜の角度を少し小さくします。それでもできるようになったら、さらに傾斜を小さくしていき、最後は板がなくてもできるようになるのです。

鉄棒運動 逆上がり③

魔法の言葉 23
アゴを乗せて10数えるまでぶら下がってごらん

腕を曲げたままにする力を養う「ダンゴ虫」。子どもは目標がはっきりすれば、がんばれるようになります。7秒以上できたら、逆上がりができるまでもう少しです。

ココをCheck! どうしてできないの？
- □腕が伸びていないかな？
- □7秒以上、続けられるかな？

コレで解決！ 鉄棒にぶら下がって10秒数える

　「逆上がり」をするためには、腕を曲げたまま足を振り上げる力が重要になります。このとき、せっかく足を正しい方向へ振り上げることができても、腕が伸びてしまっては、逆上がりはできません。

　腕を曲げた状態を保つ筋力をつけるには、「ダンゴ虫」と呼ばれる持久けんすいの練習が効果的です。両手で鉄棒を握り、鉄棒の上にアゴがくるようにして、足を地面から離します。その状態から、アゴの高さが鉄棒の位置よりも下がったり、地面に足がついてしまうまでの時間を計ります。

　逆上がりができる子のほとんどが、この運動を継続して7秒以上できます。自分で数えると、どうしても速くなってしまうので、**「アゴを乗せて10数えるまでぶら下がってごらん」**と言うとよいでしょう。

できないときはもうひとこと!! 両足をそろえて地面から浮かせてごらん

　アゴが鉄棒から離れるよりも先に、足が地面についてしまう子がいます。それは腹筋の不足。「両足をそろえて地面から浮かせてごらん」と言葉をかけてあげましょう。最初のうちはできなくても、この練習を毎日続けていれば、だれでも1週間ほどでできるようになります。

アゴを乗せて10数える

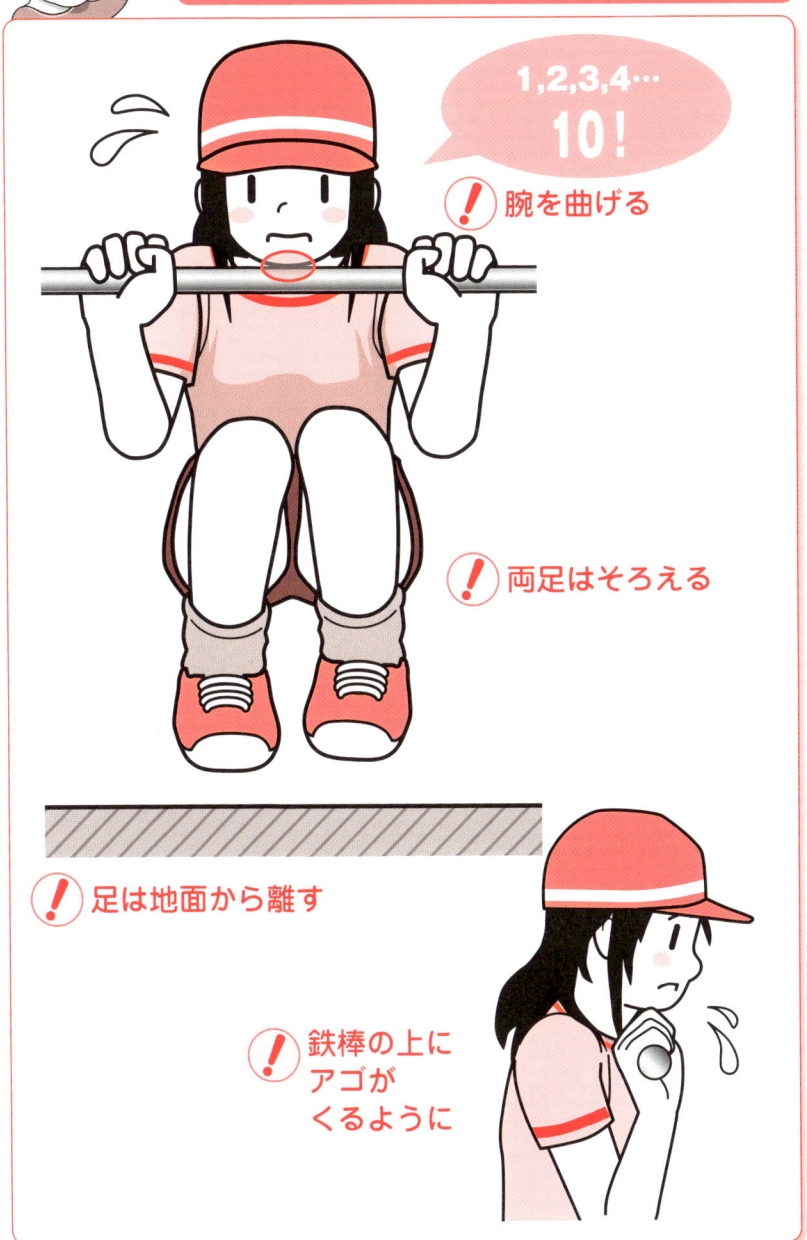

1,2,3,4…
10！

⚠ 腕を曲げる

⚠ 両足はそろえる

⚠ 足は地面から離す

⚠ 鉄棒の上にアゴがくるように

鉄棒運動 後方支持回転①

魔法の言葉 24
鉄棒の上でスーパーマンになってごらん

ココをCheck！ どうしてできないの？
- □ 後ろへの振り上げが小さくないかな？
- □ カカトで空を蹴っているかな？

コレで解決！ 体をまっすぐ水平にする

「後方支持回転」の大切なポイントは、後ろに大きく振り上げる力です。大きな振り上げから戻る勢いを利用することで、回転力が生まれます。

「鉄棒の上でスーパーマンになってごらん」という言葉をかけてあげると、子どもはどのような姿勢かイメージしやすくなります。

足を後ろへ振り上げたときに、スーパーマンが空を飛んでいるように、体をまっすぐ水平にします。それくらい大きく振ることがとても重要です。

また、「足をそろえたままカカトで空を蹴ってごらん」という言葉をかけても、うまくできるようになるでしょう。

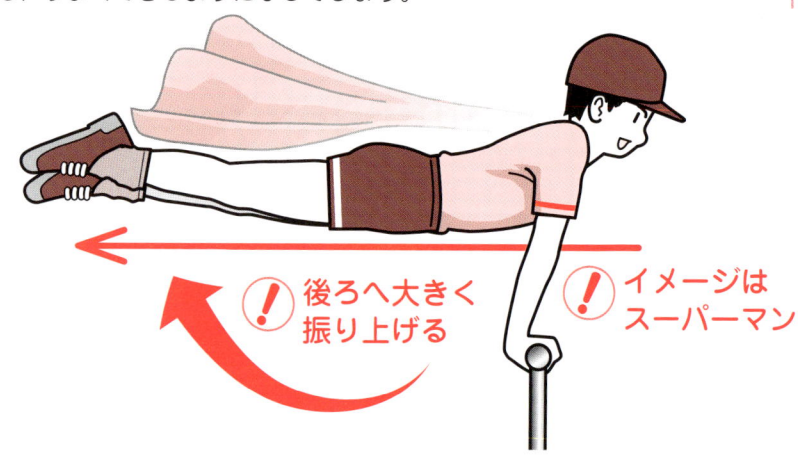

⚠ 後ろへ大きく振り上げる
⚠ イメージはスーパーマン

鉄棒運動 後方支持回転②

魔法の言葉 25
お腹に鉄棒がぶつかったらダルマになってごらん

どうしてできないの？
ココをCheck!
☐ 体を小さく丸くするのが遅くないかな？

コレで解決！ お腹が鉄棒に触れたら「く」の字に曲げる

　大きな振りから足が戻ってきたら、すばやい動作で体を小さく丸くするのが、「後方支持回転」のコツです。そのすばやい動きを、お腹が鉄棒に触れた瞬間にしなくてはいけません。この、体を丸くするタイミングが難しく、なかなかできない子が多いのです。

　できないときは、「お腹に鉄棒がぶつかったらダルマになってごらん」という言葉が効果的。子どもは水泳でダルマ浮きをするので、ダルマのイメージがつくりやすいのです。ダルマの姿勢になったら、鉄棒をお腹に巻きこむように後ろに回転します。上達すると、足を伸ばしたまま、体を「く」の字に曲げてできるようになります。

! 鉄棒をお腹に巻きこむ

! お腹に鉄棒があたったら体を丸める

! ダルマのように体を小さく

鉄棒運動 後方支持回転③

魔法の言葉 26
アゴにヒザ蹴りをするように回ってごらん

「後方支持回転」は勢いが足りなかったり、体の巻きつけができないと、回転が止まってしまいます。ヒザを胸に引きつける勢いを利用して回転します。

どうしてできないの？

ココをCheck!
- ☐ 体を伸ばしたまま鉄棒につけていないかな？
- ☐ お腹と太ももで鉄棒をはさんでいるかな？

コレで解決！ ヒザを胸のほうに引き寄せる

「後方支持回転」は、足を大きく振り、戻ってきた勢いを利用して、体を小さくして後方に回る運動です。両方の太ももで鉄棒をはさむようにし、鉄棒をお腹につけたまま回転します。

そのためには、両ヒザへの意識が重要になります。**「アゴにヒザ蹴りをするように回ってごらん」**という言葉で、ヒザを胸のほうへ引き寄せることができるようになります。体が小さく丸まって、お腹を鉄棒につけたまま回ることができるのです。

この「後方支持回転」は、何度も練習して慣れてくると、1回の振りで背中を伸ばしたままでも、できるようになります。また、地面に下りることなく、連続で何度もできるようになります。

子どもたちが「空中逆上がり」と呼んでいるなじみ深い運動です。

できないときは もうひとこと！！ 鉄棒を見たままやってごらん

体を伸ばしたまま鉄棒を体につけるのは難しく、体を小さく丸めるのが「後方支持回転」のポイントです。そのため、できない子には、「鉄棒を見たままやってごらん」という言葉を加えるとよいでしょう。

1回転して体が鉄棒の上にきたら、手首を返して上半身を起こします。

ヒザを胸に引きつけて回る

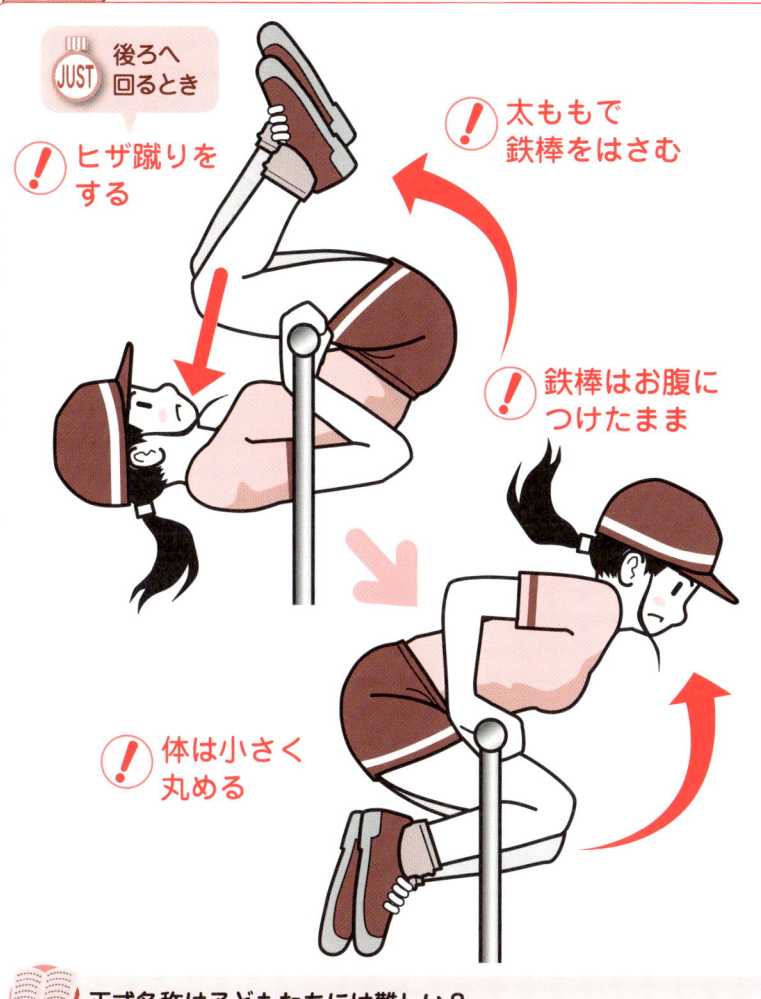

後ろへ回るとき JUST

⚠️ ヒザ蹴りをする

⚠️ 太ももで鉄棒をはさむ

⚠️ 鉄棒はお腹につけたまま

⚠️ 体は小さく丸める

COLUMN 正式名称は子どもたちには難しい？

「後方支持回転」は、子どもたちにとっては「空中逆上がり」という名称で通っています。正式名称は子どもにとって、少し難しいので、違う言い方をしていることがよくあります。
　また、鉄棒に片足をかけて回る「後方ヒザかけ回転」という技もあります。足をかけているために鉄棒から体が離れずに回りやすくなります。

鉄棒運動 前方支持回転①

魔法の言葉 27
自分の頭をうんと前に放り出してごらん

小学校の鉄棒運動の回転技でもっとも難しいのが「前方支持回転」です。より遠くの位置に頭を落とすように、頭の重りを前に投げるイメージを持ちます。

どうしてできないの？
ココをCheck!
- □ 最初から体を丸めていないかな？
- □ 鉄棒がお腹からずれていないかな？
- □ 前回りおりになっていないかな？

コレで解決！ 自分の頭を前のほうに投げる

「後方支持回転」は、後ろに振り上げた足を戻す勢いを利用して回転力をつけましたが、「前方支持回転」では同様の振りができません。

そこで、頭の重さや足の曲げ伸ばしを利用して回転力をつけ、その力を利用して回ります。鉄棒の上で背伸びをするように、頭の位置をなるべく高くし、前方を見ながら体を前に倒していきます。すると、頭は重りのようにストーンと落ちて、鉄棒を中心にして回ります。

ポイントは、鉄棒からなるべく遠くの位置で頭を落とすこと。そのほうが、より勢いがついて回りやすくなります。

「自分の頭をうんと前に放り出してごらん」 という言葉をかけてください。自分の首から上の「頭」という重りを、少し前のほうに投げるようなイメージを持って回りはじめるようにします。

できないときはもうひとこと!! 鉄棒を軽く握ってごらん

慣れるまでは勢いがつくのが怖いので、自然と手に力が入ってしまうものです。しかし、鉄棒を強く握りすぎるとブレーキがかかり、かえって回転の勢いを落としてしまって上手に回ることができません。そんなときは、「鉄棒を軽く握ってごらん」と言葉をかけて、リラックスさせるとよいでしょう。

頭を遠くに落とす

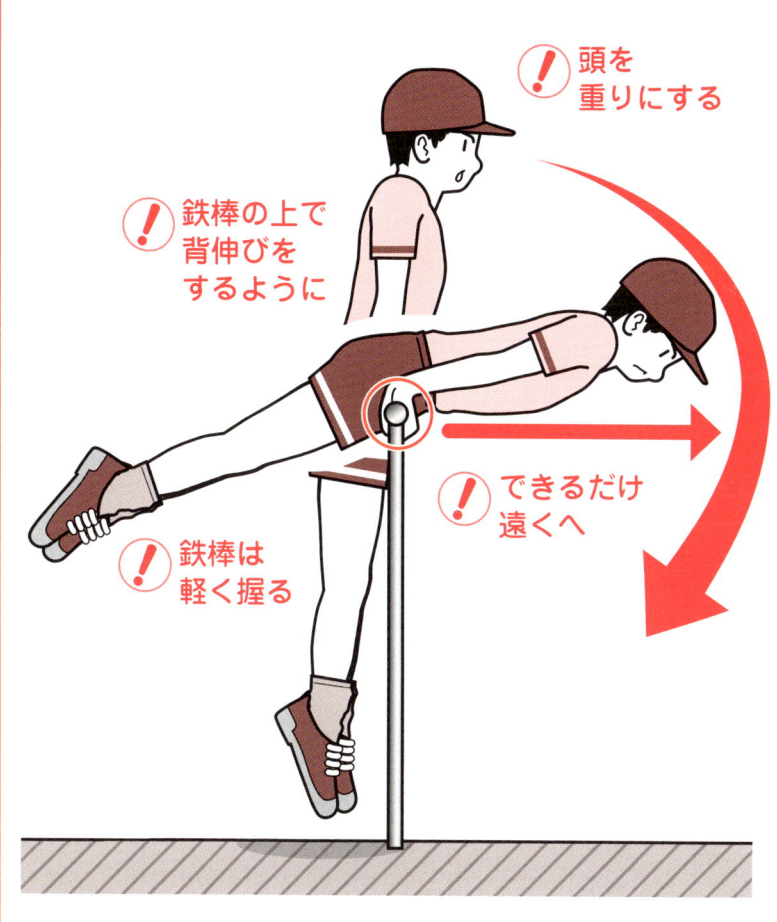

- ⚠️ 頭を重りにする
- ⚠️ 鉄棒の上で背伸びをするように
- ⚠️ できるだけ遠くへ
- ⚠️ 鉄棒は軽く握る

COLUMN 難易度の高い「前方支持回転」

　小学校で行う鉄棒運動の中では、この「前方支持回転」がもっとも難しい技です。とはいえ、6年生でもできない子が多くいる一方、1年生でも軽々とやってしまう子もいます。鉄棒運動は、鉄棒にどれだけ多く触れてきたかが重要になります。遊びの中で鉄棒に触れる機会が多い女子のほうが上手な子が多いようです。

鉄棒運動 前方支持回転②

魔法の言葉 28
真下を過ぎたらアゴをすばやく引いてごらん

下がった頭が鉄棒の真下を通過したときにアゴを引くのが「前方支持回転」のコツ。体が小さくなった回転力を利用して、上半身を鉄棒の上まで上げていきます。

ココをCheck! どうしてできないの？

- □ 体を伸ばしたまま回ろうとしていないかな？
- □ 鉄棒からお腹が離れていないかな？

コレで解決! アゴを引いて体を小さく丸める

「前方支持回転」の回りはじめは、背中をまっすぐに伸ばすのがコツです。しかし、頭が下がってちょうど鉄棒の真下を過ぎたとき、今度はしっかりと体を丸める必要があります。

これは、回転の中心から離れていたものが、回転の中心に近づくと回転が速くなるという原理です。

人間の体はアゴを上げると背中が反り、アゴを引くと背中が丸まります。そのため、「真下を過ぎたらアゴをすばやく引いてごらん」という言葉で、体をすばやく、しっかりと丸めることができます。

また、同時に腕とヒザを曲げ、鉄棒から体が離れないように体を小さく丸めることもポイントです。太ももとお腹で鉄棒をはさむようにして、体を鉄棒につけて回ります。

できないときはもうひとこと!! 鉄棒の真下を過ぎたら鉄棒を見てごらん

「鉄棒の真下を過ぎたら鉄棒を見てごらん」という言葉をかけてもよいでしょう。「鉄棒を見る」というわかりやすい言葉で、アゴを引く動作と同じことをさせることができます。鉄棒での回転では、背中を丸めて小さくなることが大切なのです。

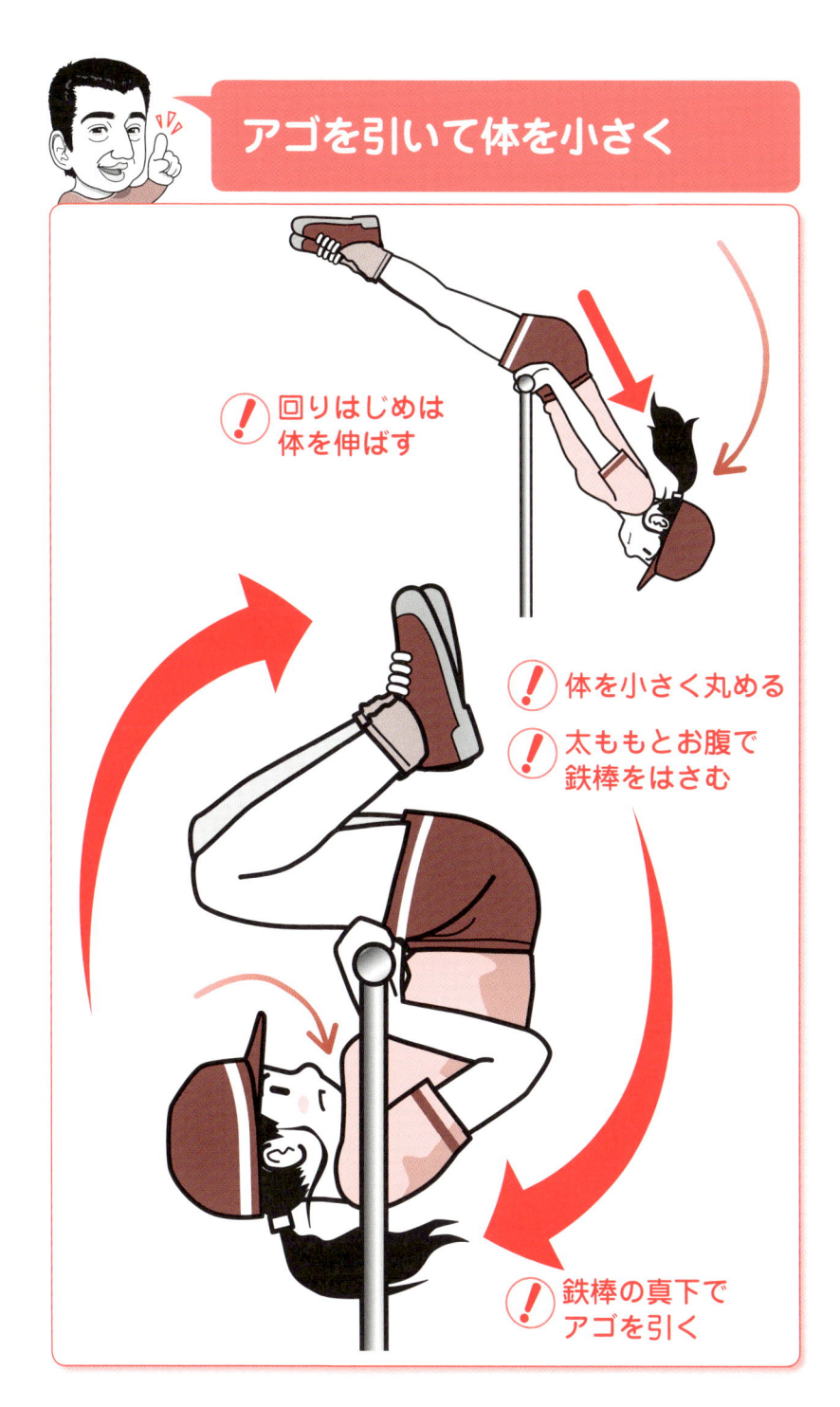

アゴを引いて体を小さく

⚠️ 回りはじめは体を伸ばす

⚠️ 体を小さく丸める

⚠️ 太ももとお腹で鉄棒をはさむ

⚠️ 鉄棒の真下でアゴを引く

鉄棒運動　前方支持回転③

魔法の言葉 29

ネコの手になって上がってごらん

どうしてできないの？
ココをCheck!
☐ 手首の返しは足りているかな？

コレで解決！　手首を内側に曲げる

　「前方支持回転」で1回転して上半身が鉄棒の上まで上がることができても、そのままでは元に戻って落ちてしまいます。

　その原因は、手首の返しが足りないこと。手首が十分に返っていないと、鉄棒の上に体を持ち上げることができません。手首を内側に曲げるようにすることが、上手に体を持ち上げるポイントです。

　うまくできないときは、**「ネコの手になって上がってごらん」**という言葉で手首の返しをイメージさせましょう。両手を返した格好がネコの手に似ているので、「手首を返してごらん」と言うよりも、具体的なイメージがしやすく、子どもにとって親しみもあり、楽しんで練習できます。

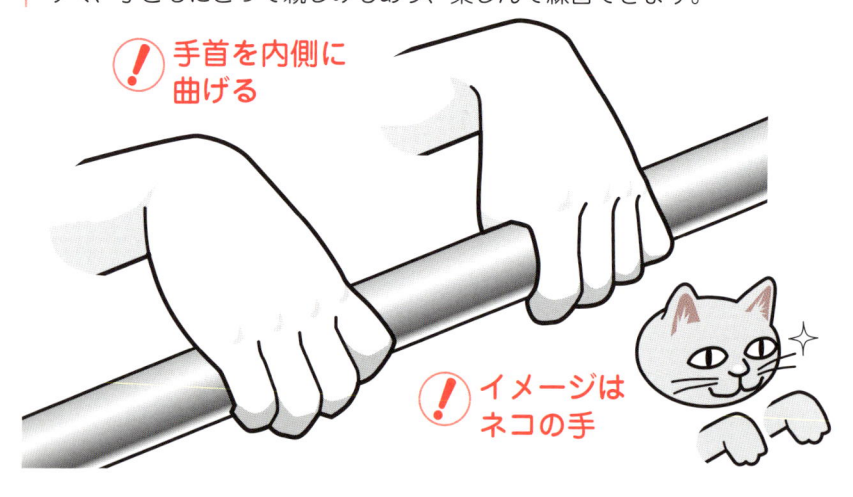

❗ 手首を内側に曲げる

❗ イメージはネコの手

第3章 跳び箱運動

項目		難易度
P56	助走	★☆☆
P58	踏み切り	★☆☆
P60	着地	★☆☆
P62	開脚跳び①	★★☆
P64	開脚跳び②	★★☆
P66	開脚跳び③	★★☆
P67	開脚跳び④	★★☆
P68	かかえ込み跳び①	★★★
P70	かかえ込み跳び②	★★★
P71	かかえ込み跳び③	★★★
P72	台上前転①	★★☆
P74	台上前転②	★★☆
P76	台上前転③	★★☆

跳び箱運動　助走

魔法の言葉 30　息を吐きながらスーッと走りはじめてごらん

上手に跳び箱を跳ぶためには、「助走」がとても大切です。腕を振ってドタドタと走るのではなく、ゆっくりスタートして上手に踏み切りましょう。

ココをCheck! どうしてできないの？

- □ 最初から全力で走っていないかな？
- □ 腕を左右に振っていないかな？
- □ ななめから助走していないかな？

コレで解決! ゆっくりとスタートする

　跳び箱運動の動きで、とても大切なのが「助走」です。小学生に多いのが、かけっこのようにスタートから全力で走る助走です。腕を振ってドタドタと走っていては、上手に跳べるようにはなりません。

　助走の長さはなるべく短めにします。小学生なら、高い跳び箱でも助走は8mほど（教室の縦の長さ）あれば十分です。

　助走をするときは、まず、跳び箱の真正面で両足をそろえて気をつけの姿勢になります。息を大きく吸って、静かに息を吐きながら体を前に倒します。自然に片足が前に出ますから、そのままゆっくりとスタート。「息を吐きながらスーッと走りはじめてごらん」という言葉で、助走の理想的なスタートができるようになります。

できないときはもうひとこと!! ヒジを軽く伸ばして腕を振ってごらん

　助走で力を入れ過ぎると、上手に踏み切ることができません。かけっこのように腕を曲げるのではなく、「ヒジを軽く伸ばして腕を振ってごらん」と言葉をかけて、ゆっくりスタートさせます。助走距離に合わせて少しずつ速くして、踏み切り板の手前で最高速度になるようにします。

息を吐きながらスーッとスタート

⚠️ 両足をそろえて「気をつけ」

⚠️ 息を吐きながら体を前に倒す

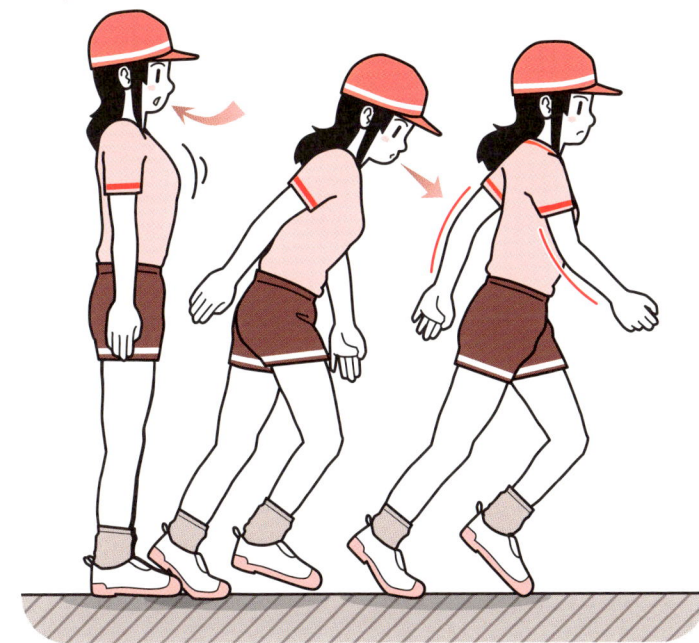

⚠️ ヒジは軽く伸ばす

⚠️ 助走は8メートルで十分！

📖 COLUMN　跳び箱の助走は重要要素

　跳び箱を教える先生でも、助走の大切さを理解していないことが多いようです。ですから、助走はきちんと指導されていません。
　体操競技の跳馬では助走に慎重です。助走によって演技の良し悪しが決まってくるからです。
　心を静めて集中した助走が跳び箱を上手にし、ケガをなくします。

跳び箱運動 踏み切り

魔法の言葉 31 両足のつま先でトンと蹴ってごらん

助走の最後は「踏み切り」です。大切なのは、踏み切り板を蹴る強さ。踏み切り板の中央で、「トン」と踏み切る感覚を体で覚えましょう。

ココをCheck! どうしてできないの？
- □ 足の裏全体で蹴っていないかな？
- □「バン！」と大きな音がしていないかな？
- □ 腰が曲がっていないかな？

コレで解決!「トン！」という感じで踏み切る

跳び箱が跳べないときに、「強く踏み切れ！」と指導されるケースがあります。しかし、このような言葉をかけると、子どもは足の裏全体で「バン！」と大きな音をたてて踏み切ってしまいます。

足の裏全体で蹴るような踏み切りをすると、助走のときの力まで踏み切り板に吸収されてしまいます。そうすると、助走のエネルギーを跳躍のエネルギーに変えることができないのです。

このようなときの指導の言葉は**「両足のつま先でトンと蹴ってごらん」**です。跳び箱に向かって助走してきたら、踏み切り板の前で大きくジャンプします。両足のつま先をそろえて、踏み切り板の中央で「トン！」という感じで踏み切るのが理想的な踏み切りです。

できないときはもうひとこと!! カカトをつけないで踏み切ってごらん

踏み切り板をカカトで踏み切ると、力をうまく前方に伝えられません。そんなときは、「カカトをつけないで踏み切ってごらん」と言葉をかけてください。踏み切り板には、傾斜した木の板のものと、はずむ仕組みのロイター板とがあります。どちらも中央の位置で、つま先で踏み切ることが大切です。

両足のつま先でトンと踏み切る

○
- 踏み切る位置は板の中央
- トンッ
- 両足のつま先で蹴るように

×
- バン
- 足の裏全体で蹴るのはNG！

跳び箱運動 **着地**

魔法の言葉 **32**
両手で軽く マットをさわってごらん

安全に「着地」をするためには、ヒザを曲げてショックを吸収することが大切です。両足をそろえ、両手でマットがさわれるくらいヒザを曲げて着地するようにします。

どうしてできないの？

ココをCheck!
- □ ヒザや背中を伸ばしていないかな？
- □ 足が前後に開いていないかな？

コレで解決！ ヒザを曲げてショックを吸収する

　跳び箱の練習をはじめる前に、安全な「着地」を知ることが大切です。安全に着地ができないと、ヒザや足首を痛めることがあります。場合によっては骨折などの大ケガをしてしまいます。

　跳び箱を跳んだあと、足がマットについた瞬間にヒザを曲げて、ショックを吸収するように着地します。

　しかし、「ヒザを曲げて着地してごらん」と言っても、ヒザを曲げるタイミングがとれず、なかなかうまくできません。そんなときは、「両手で軽くマットをさわってごらん」という言葉のほうが伝わりやすくなります。着地のあとは、指先でマットをさわるくせをつけさせるようにします。慣れてきたら足を動かさずピタリと止まり、両手を上げてポーズを決めます。

できないときはもうひとこと!! 足がマットにつくと同時にしゃがんでごらん

　低学年の子どもたちには「足がマットにつくと同時にしゃがんでごらん」という言葉の方がわかりやすいでしょう。

　しかし、足がマットについてからしゃがむのではなく、しゃがんだままの状態で着地してしまうと危険なので、注意が必要です。

マットをさわって着地

! 着地点を見ておく

! 着地したら視線は前方

! 指先でマットをさわる

! 足がマットにつくと同時にヒザを曲げる

61

跳び箱運動 開脚跳び①

魔法の言葉 33
跳び箱の一番前にすわってごらん

跳び箱を跳び越えることに恐怖感を持っている子は、なかなか開脚跳びができません。そんなときは、第一歩として跳び箱の上にすわることからはじめます。

どうしてできないの？

ココをCheck!
- □ 踏み切り板の上で止まっていないかな？
- □ 恐怖感で動きが止まっていないかな？

コレで解決！ 跳び箱の上にすわる

① その場でリズミカルに連続ジャンプができる
② 助走から踏み切って跳び箱の上にすわることができる

　この2つのことができれば、跳び箱は10分以内で必ず跳べるようになります。そのため、開脚跳びができない子は、跳び越えることよりも、まずは跳び箱の上にうまくすわることからはじめます。「跳び箱の一番前にすわってごらん」と声をかけると、跳び箱を跳び越すよりも安心してできるため、恐怖感もなくなります。踏み切り板の上で止まってしまう子も、上手に跳び箱の上にすわれるようになります。

　なかには、「跳び箱の一番前にすわってごらん」という言葉をかけるだけで、開脚跳びができるようになる子もいます。まずは、恐怖感を取りのぞいてあげることが重要なのです。

できないときはもうひとこと!! 跳び箱を馬だと思って飛び乗ってごらん

「跳び箱を馬だと思って飛び乗ってごらん」という言葉も効果があります。体操競技で使うものは、跳馬といって馬の背中のような形をしています。馬に飛び乗るというイメージを持たせたゲームのように行うと、恐怖感がなく、楽しんで練習することができます。

まずは跳び箱の上にすわることから

! 跳び箱を馬だとイメージ

! 踏み切りはつま先で

! 最初から跳び越そうと思わずに

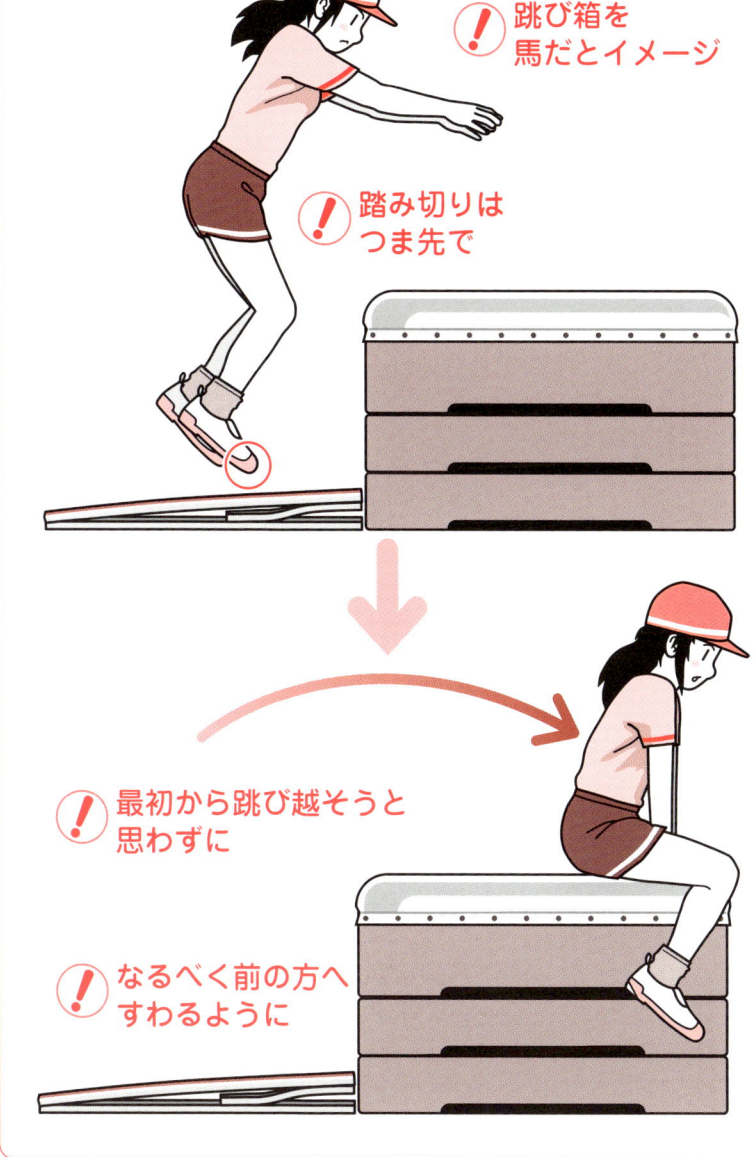

! なるべく前の方へすわるように

跳び箱運動 開脚跳び②

魔法の言葉 34
背中をマッサージしながら前に動いてごらん

跳び箱の上で、両腕を使って体を持ち上げて前に運ぶ練習です。ポイントは両手に体重をかけて、両肩を前に出すこと。おとなの人といっしょに楽しく練習しましょう。

どうしてできないの？

ココをCheck!
- □跳び箱についた手がつっぱっていないかな？
- □上体を前に倒しているかな？

コレで解決！ 腕だけで前に移動する

「開脚跳び」ができないのは、ついた手がつっぱった状態になっていて、「腕を支点とした体重の移動」ができないことが原因です。

両手に体重をかけて、両肩を前に出すのがポイント。自分の体重を前に運ぶ練習として、跳び箱の上にすわり、両手をついて前に跳びおりるようにする方法があります。これを5〜6回行いましょう。校庭や公園にある丸太のような遊具にまたがって行うのも効果的です。

家の中で行える、効果的な練習方法もあります。まず、おとなの人にうつ伏せになってもらいます。お尻のあたりにまたがり、腕の力だけで前に移動します。「背中をマッサージしながら前に動いてごらん」という言葉で楽しく練習できます。また筒のように丸めた布団やマットレスを利用してもよいでしょう。

できないときはもうひとこと!! 跳び箱にすわって両腕だけで跳びおりてごらん

「跳び箱にすわって両腕だけで跳びおりてごらん」という言葉も効果的です。跳び箱の上にすわり、両腕に体重をかけながら跳び箱からおります。そうすることで、腕を支点にした体重の移動を体感させることができ、跳び箱を跳び越す感覚が身につきます。

腕で体を支えて前に移動する

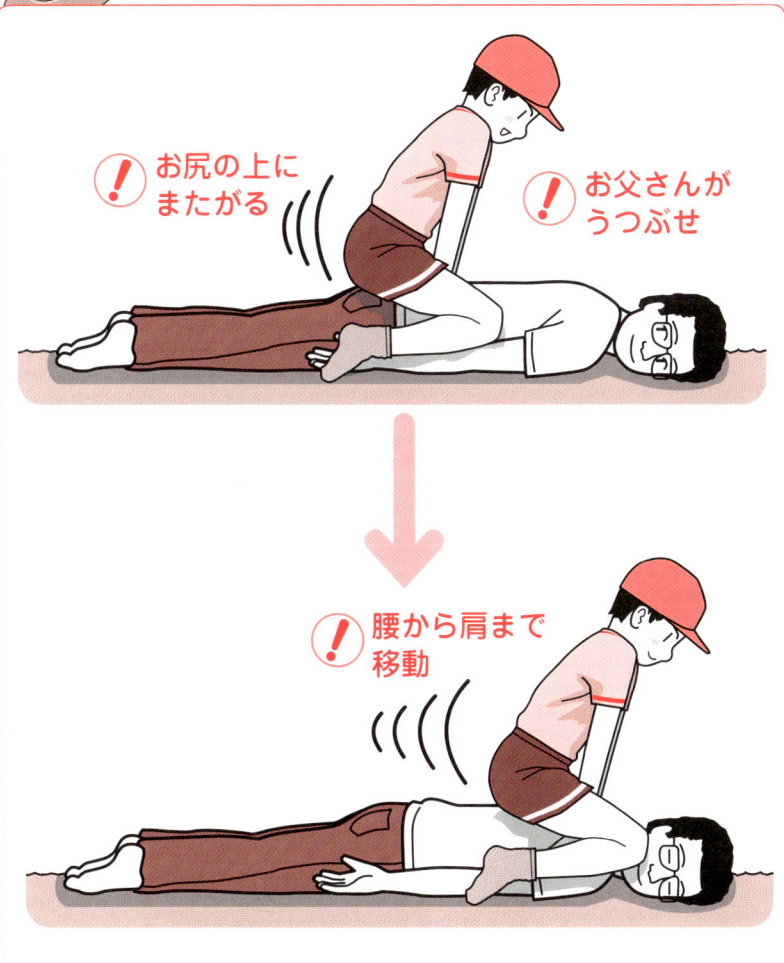

!お尻の上にまたがる

!お父さんがうつぶせ

↓

!腰から肩まで移動

COLUMN マッサージは跳び箱練習に最適

　これは、体重移動を身につけるための運動です。両腕で体を支えて、両腕だけで前に進むことのできるところならどこでも大丈夫です。
　跳び箱の上、平均台の上、丸太の上、丸めた布団の上などで練習できます。しかし、おうちの人の背中でやれば、喜んでもらえて、自分の練習にもなるのでいちばんよいですね。

跳び箱運動 開脚跳び③

魔法の言葉 35
ついた両手で跳び箱を後ろにかいてごらん

ココをCheck! どうしてできないの？
- □ 肩が手のひらよりも後ろになっていないかな？
- □ 腕を支点とした体重移動が間違っていないかな？

コレで解決！ 跳び箱を後ろにかいて体重移動する

　「開脚跳び」ができる子が、跳べない子にアドバイスするときに使う言葉があります。それが、**「ついた両手で跳び箱を後ろにかいてごらん」**です。
　前のページにも出てきた「腕を支点とした体重の移動」を表す言葉なのですが、子どもたちの感覚では「跳び箱を後ろにかく」という表現になるのです。肩が手のひらよりも後ろへきていると、体重移動ができていません。マットに手をついたときに、肩が手のひらよりも前に出ていることが大切です。なかには、「跳び箱を後ろにどけちゃえばいいんだよ」という子もいます。この「跳び箱を後ろへ」というイメージを大切にして練習します。

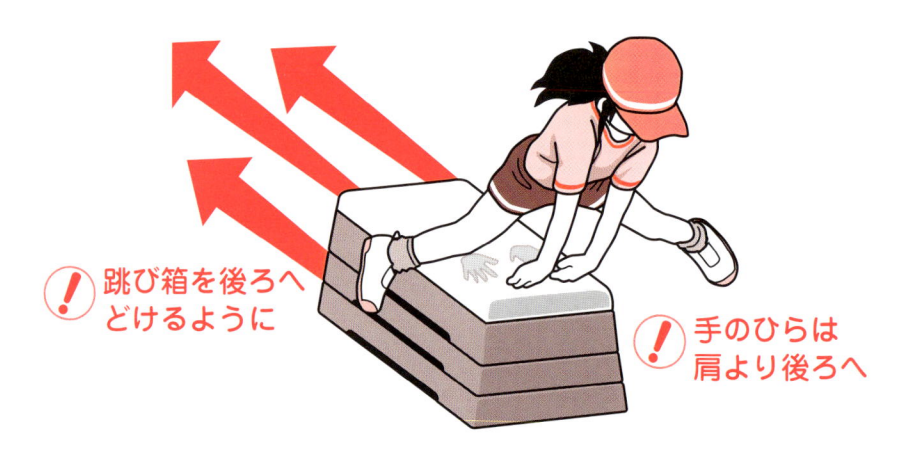

⚠ 跳び箱を後ろへどけるように

⚠ 手のひらは肩より後ろへ

跳び箱運動 開脚跳び④

魔法の言葉 36
遠くから踏み切って遠くに着地してごらん

どうしてできないの？ ココをCheck!
- ☐ 跳び箱の近くで踏み切っていないかな？
- ☐ 跳び箱の近くに着地していないかな？

コレで解決！ できるだけ遠くへ着地する

　跳び箱が跳べるようになって、すぐに高い跳び箱に挑戦するのは、大きな間違いです。「高い跳び箱が跳べる＝跳び箱が上手」ではないのです。
　最終的には、跳び箱を「大きく」「きれいに」跳べるようになるのが目標です。跳び箱から踏み切り板を離して、跳び箱から遠く離れた位置で踏み切り、跳び箱から離れたところに着地するのが、「大きく」「きれい」な跳び方です。
　「遠くから踏み切って遠くに着地してごらん」という言葉で、体が伸び、大きく美しい跳び方ができるようになります。高い跳び箱が跳べることよりも、きれいな姿勢で跳べることが大切なのです。

!跳び箱から離れて踏み切り

!跳び箱から離れて着地

跳び箱運動　かかえ込み跳び①

魔法の言葉 37　ウサギ跳びで 10 m を 7 回で跳んでごらん

足を閉じたまま跳び箱を跳び越す「かかえ込み跳び」は、「ウサギ跳び」と同じ要領です。できるだけ遠くの位置まで跳べるように意識します。

ココをCheck! どうしてできないの？

- □ 10 m 進むのに 10 回以上かかっていないかな？
- □ 体を伸ばして、手を突き放しているかな？
- □ 空中に体が浮いているかな？

コレで解決! ウサギ跳びで感覚を覚える

「かかえ込み跳び」は、足を閉じたまま跳び箱を跳び越す技です。「閉脚跳び」とも呼ばれています。

「ウサギ跳び」の練習で、かかえ込み跳びに必要な腕の突き放しや足の引きつけを覚えることが重要になります。ただし、ここでのウサギ跳びは、しゃがんだまま両足でジャンプする、昔ながらのトレーニングではなく、ウサギのように4つ足を使って跳びはねる動きです。

両足で踏み切って体を前方に伸ばし、両手を突き放して足から着地します。できるだけ遠くに両手をつき、少ない回数で長い距離を跳べるようになりましょう。**「ウサギ跳びで 10 m を 7 回で跳んでごらん」** という言葉をかけると目安がわかり、具体的な目標が決まるので、より効果的な練習ができます。

できないときはもうひとこと!! 空中に体を浮かせてごらん

「ウサギ跳び」は両足を踏み切ったあとに、一瞬だけ空中に体が浮く時間があります。この感覚を覚えることによって、「ウサギ跳び」がラクにできるようになります。コツがうまくつかめない子には、「空中に体を浮かせてごらん」という言葉をかけてあげましょう。

ウサギ跳びで大きく跳ぶ

- 両足で踏み切る
- 体を前へ伸ばす
- 両手を放して足で着地

- できるだけ遠くへ両手をつく
- 10mを7回で飛べるように

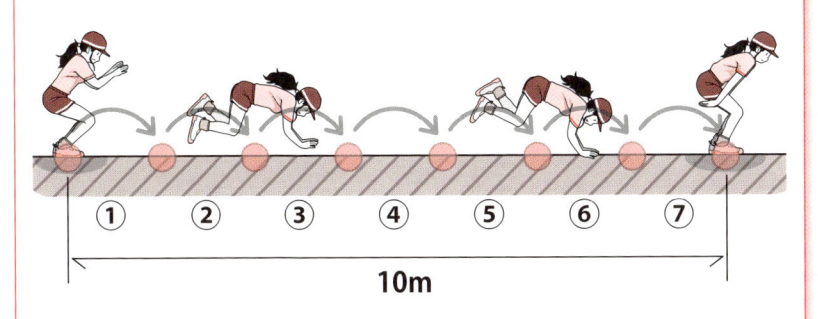

① ② ③ ④ ⑤ ⑥ ⑦

10m

昔と今の「ウサギ跳び」トレーニング

「ウサギ跳び」といえば、手を後ろに組んでしゃがみ、両足だけでピョンピョン跳んで、足腰を鍛えるトレーニングを思い出すのではないでしょうか。これは、昔の「ウサギ跳び」トレーニングで、今ではヒザに悪いという理由でやってはいけない運動となっています。

この練習では、本物のウサギのように大きく跳ねてください。

跳び箱運動 かかえ込み跳び②

魔法の言葉 38
手のひらで跳び箱をトンと後ろに突いてごらん

ココをCheck! どうしてできないの？
- □両腕の間に足を通そうとしていないかな？
- □ついた手でしっかりと突き放しているかな？

コレで解決! ついた手を突き放す

　跳び箱についた両腕の間から足を抜こうとしても、「かかえ込み跳び」は上手に跳ぶことができません。逆に足が引っかかってしまいます。

　かかえ込み跳びでもっとも大切なのは、ついた手の突き放しです。一瞬のタイミングで跳び箱を後方に突き放すようにしましょう。**「手のひらで跳び箱をトンと後ろに突いてごらん」**という言葉をかけてあげることで、そのイメージが伝わりやすくなります。

　手を突き放したあとは、体を起こしてそのまま着地します。このとき、目線はしっかりと前に向けておくことが大事です。

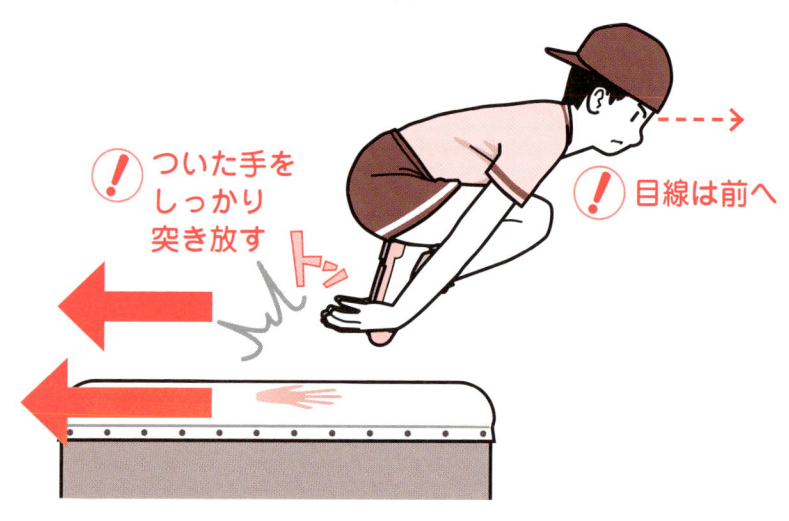

（!）ついた手をしっかり突き放す

（!）目線は前へ

跳び箱運動　かかえ込み跳び③

魔法の言葉 39
おヘソを前に出して着地してごらん

どうしてできないの？ ココをCheck!
- □ 背中が丸まったままになっていないかな？
- □ ヒザが伸びていないかな？

コレで解決！ 体を起こして着地する

　「かかえ込み跳び」で両手を突き放したあとは、「開脚跳び」のときと同様、安全に着地しなければいけません。そのままの姿勢で頭から突っ込んでしまうと、非常に危険です。

　両手を突き放したあとは、体を起こすことを心がけます。難しいようであれば、「**おヘソを前に出して着地してごらん**」という言葉をかけてください。すると、お腹の周辺に力が入って、上体を起こすことができます。

　また、安全に着地するためには、ヒザをしっかり曲げることも大切です。慣れるまでは、手が床につくくらい曲げてもよいでしょう。

❗ おヘソを前に出して上体を起こす

❗ ヒザを曲げて着地

71

跳び箱運動　台上前転①

魔法の言葉 **40**
上から引っぱられるように腰を上げてごらん

跳び箱の上で前転をするのが「台上前転」です。回転する位置が高いので、しっかりと両足で踏み切って、腰を上げることを意識しながら練習します。

どうしてできないの？

ココを Check!
- □ 踏み切ったあと、すぐに前転しようとしていないかな？
- □ 手をついたあと、足先を上げていないかな？

コレで解決！ 腰を曲げたまま高く上げる

　「台上前転」は回転する位置が高いため、しっかりと両足を踏み切り、腰を上げないと回転力がつきません。手をついたあとは、マットの上での前転のときよりも、腰を高く上げる必要があります。

　しかし、腰を上げようとして、足が上がってしまうと、体を丸めることができません。回転力が落ち、前転ができなくなってしまうのです。そんなときは、「上から引っぱられるように腰を上げてごらん」と言葉をかけてください。腰を曲げたまま、高く上げられるようになります。

　いきなり高いところから練習するのではなく、最初はマットを1枚ずつ重ねて少しずつ高くしていきます。回転する面が高くなるにつれて、腰も高く上げるように意識します。

できないときは もうひとこと!! 逆立ちするつもりで踏み切ってごらん

　「逆立ちするつもりで踏み切ってごらん」という言葉も効果があります。腰を高く上げなければ台上前転はできません。跳び箱の上で逆立ちするという表現で、腰を高く上げるように意識するようになり、腰の位置のイメージもつかむことができます。

腰を曲げて高く上げる

- 上から引っぱられるようなイメージで
- 少しずつ高くする
- 両足で踏み切る

「台上前転」の小学校体育への導入

「台上前転」は、跳び箱の回転系と言われるものです。これが発展すると、跳び箱上で頭はねおきをする「頭はね跳び」という技になります。

小学校の体育にこの技が導入されたとき、先生たちは大騒ぎでした。今までにやったことも、見たこともない技だったのですから。先生たちのための指導法研修会が行われましたが、子どもたちにきちんと指導するのは、まだまだ難しいようです。

跳び箱運動　台上前転②

魔法の言葉 41　頭をつけないで回ってごらん

「台上前転」をしていると、跳び箱の横から落ちてしまう子がいます。その原因は、まっすぐ回れていないから。上手に回転するには、頭をつけないことがポイントです。

どうしてできないの？　ココをCheck!
- □頭を跳び箱にぶつけていないかな？
- □跳び箱の横から落ちていないかな？
- □頭に体重をかけていないかな？

コレで解決！　頭をつけないでまっすぐ回る

　当然のことですが、マット上の前転でまっすぐ回れない子は、「台上前転」でもまっすぐ回ることはできません。台上前転でまっすぐ回れないと、跳び箱の横から落ちてしまうことがあり、とても危険です。
　まっすぐ回れない子は、頭に体重がかかって、回る方向が変わってしまっているのです。頭の後ろが跳び箱に軽くつく程度で回ることができればちょうどよいのですが、子どもにはその表現だとわかりづらいため、加減が難しく、頭を思い切りついてしまいます。
　そこで「頭をつけないで回ってごらん」という言葉をかけてあげると、効果的です。頭を跳び箱につけずに回ろうとすると、頭に体重がかからなくなります。あとは、体を小さく丸めて回れば、まっすぐ回れるようになります。

できないときはもうひとこと!!　頭を両腕のあいだに入れておヘソを見てごらん

「頭を両腕のあいだに入れておヘソを見てごらん」と言ってもよいでしょう。この言葉をかけるだけでも、跳び箱に頭をつかなくなるのです。そして、おヘソを見ることにも意識がいくため、しっかりと体を小さく丸めることもできるようになります。

頭を跳び箱につけずに回る

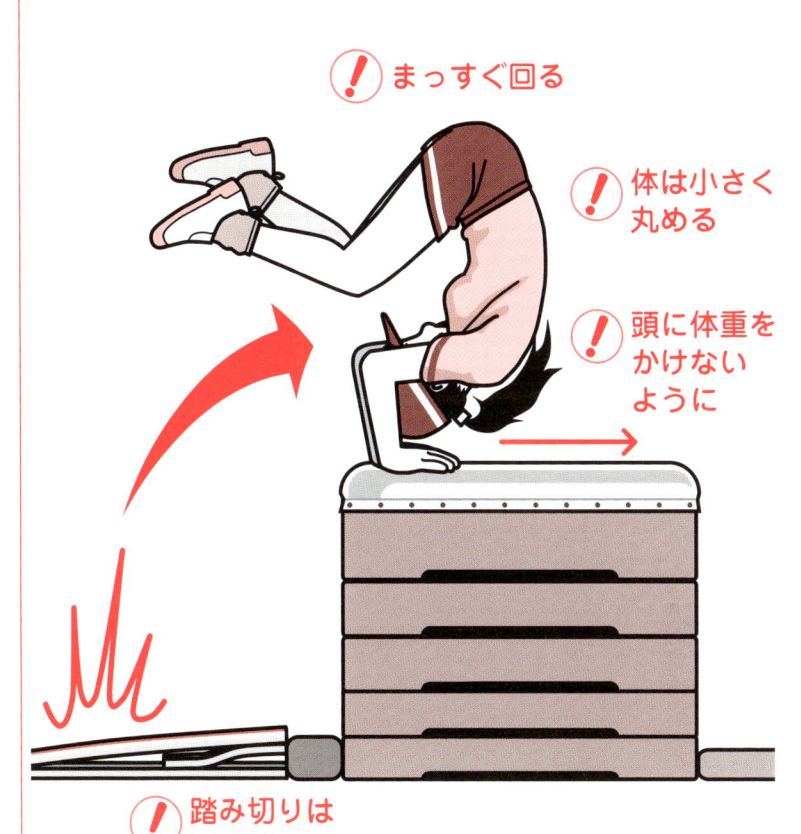

❗ まっすぐ回る

❗ 体は小さく丸める

❗ 頭に体重をかけないように

❗ 踏み切りは両足で

器械体操は腕力が重要

　両腕でしっかりと自分の体重を支えることができないと、「台上前転」はうまくできません。

　「両腕で体を支える」というのは、器械体操の中のすべての運動の基本となっています。マット運動も鉄棒運動も、自分の腕の力で、自分の体をしっかりと支持する技ばかりです。まずは腕力を強く鍛えるようにしましょう。

跳び箱運動　台上前転③

魔法の言葉 42

両腕の中に頭をつっこんでごらん

ココをCheck! どうしてできないの？

- □ お尻が跳び箱の向こう側にはみ出していないかな？
- □ 手よりも向こう側に頭をつけていないかな？

コレで解決! ついた手よりも手前に頭をつける

　腰を高く上げ、頭を台上につけずに回ることができても「台上前転」を失敗してしまうことがあります。回ったあとに、お尻が跳び箱からはみ出して、跳び箱の上から落ちてしまうのです。跳び箱の縦の長さは約80cmしかないので、落ちないように回ることのほうが難しいのです。

　お尻が跳び箱からはみ出してしまうのは、ついた手よりも遠くで頭をついているからです。「**両腕の中に頭をつっこんでごらん**」という言葉で、ついた手よりも手前に頭をつけるようになります。跳び箱の端に手をつくと頭は手前にはみ出しますが、お尻は残したまま回ることができるのです。

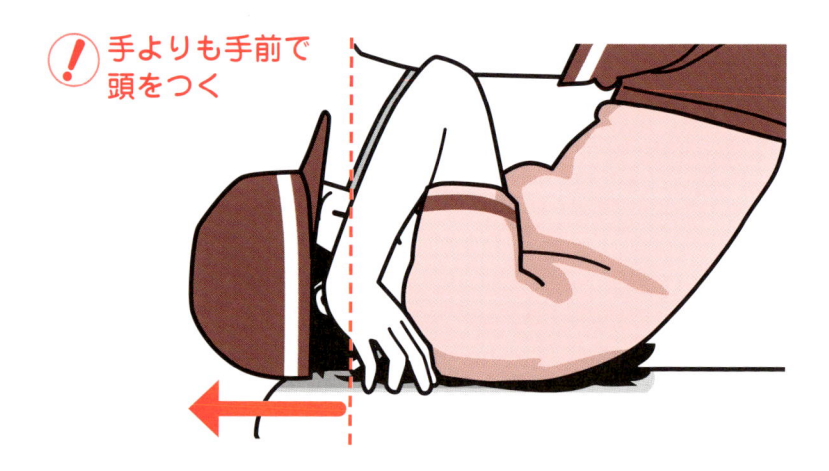

⚠ 手よりも手前で頭をつく

第4章 陸上運動

	項目	難易度
P78	短距離走（腕の振り）	★☆☆
P80	短距離走	★☆☆
P82	短距離走（姿勢）	★☆☆
P83	短距離走（コーナー）	★☆☆
P84	短距離走（スタート）	★☆☆
P85	短距離走（スタート）	★☆☆
P86	短距離走（ゴール）	★☆☆
P87	リレー（バトン）	★★☆
P88	リレー（バトン）	★★☆
P89	ハードル走①	★★★
P90	ハードル走②	★★★
P91	走り幅跳び①	★★☆
P92	走り幅跳び②	★★☆
P93	走り高跳び（はさみ跳び）	★★★
P94	走り高跳び（はさみ跳び）	★★★

陸上運動 短距離走（腕の振り）

魔法の言葉 43 後ろの太鼓をバチでたたきながら走ってごらん

「短距離走」で速く走るポイントは腕の振り方。前に振ろうとせず、後ろに向かって振ります。腰が前後に動き、歩幅も広くなって速く走れるようになります。

ココをCheck! どうしてできないの？

- □腕を前に振っていないかな？
- □体が左右に揺れていないかな？
- □体が起き上がっていないかな？

コレで解決！ 腕を後ろに振って走る

速く走るためには、腕をしっかりと後ろに振ることが大切です。しかし、多くの子どもは腕を前に振ろうとします。腕を前方に振った場合と腕を後方に振った場合を走り比べてみると、腰の動きがまったく違うことがよくわかります。

前に振っても下半身はほとんど動きませんが、後ろに振ると肩甲骨が動き、それに合わせて骨盤も動きます。つまり、後ろに振ったほうが、腰を左右に回す動きが自然にできるのです。

「腕を後ろに振って走ってごらん」という言葉で、左右の腰が前後に動き、歩幅（ストライド）が広くなりますが、**「後ろの太鼓をバチでたたきながら走ってごらん」**という言葉はより効果的。腕の振りや足のピッチも速くなって、走りそのものが変わってきます。

できないときはもうひとこと!! 後ろにヒジ打ちをしながら走ってごらん

「後ろにヒジ打ちをしながら走ってごらん」という言葉も有効です。「太鼓をたたく」というよりも「後ろにヒジ打ちをする」というほうが、ヒジをしっかりと後ろに振り上げられる子もいるでしょう。しかし、腰が左右に動いて足を大きく開くことが目的だということを忘れてはいけません。

腕を後ろに振り上げる

! 腕に合わせて骨盤が動く

! 後ろの太鼓をたたくつもりで

COLUMN かけっこのレースの組み方

　運動会といえば、やはり「短距離走(かけっこ)」で何位になるかが子どもたちの関心の的です。

　昔はビリになったり1位になったりする子はいつも決まっていました。しかし、最近はそのようなことがなくなるように、事前にタイムを計って、速さが同じくらいの子同士でレースを組むようにしています。

陸上運動 短距離走

魔法の言葉 44 笑いながら走ってごらん

筋肉に力が入りすぎていると、手足を速く動かすことができません。速く走ろうと思って力むのは逆効果。笑いながら走ると、全身の力を抜くことができます。

ココをCheck! どうしてできないの？
- □ 全身が力んでいないかな？
- □ 筋肉に力を入れ過ぎていないかな？
- □ 体が左右に揺れていないかな？

コレで解決! 全身の力を抜いて走る

速く走るためには、手足を速く動かすことが大事です。そのためには、手足にムダな力が入っていてはいけません。全身の力を抜くことが重要です。ただし、「力を抜いてごらん」と言っても、子どもはどうすればいいかわからず、逆に力んでしまう場合があります。

そこで、「笑いながら走ってごらん」という言葉が役に立ちます。力を抜くのに効果があるのは「笑う」ことです。全身に力を入れた状態で笑うことはできませんよね。

もちろん、大笑いしながらでは速く走れません。声をあげて「笑う」のではなく、笑顔をつくります。自然な笑顔なら気持ちをリラックスして走ることができます。笑顔で走ると全身の動きもなめらかになり、速く走れるようになるのです。

できないときはもうひとこと!! 手は軽く握るか開いてごらん

「力を抜くこと」は走るだけでなく、すべてのスポーツや運動でも大切なことです。武道の世界では、脱力することが極意と言われているほどです。

走るときも同じ。腕を振るときも手を握りしめるのではなく、「手は軽く握るか開いてごらん」という言葉をかけて、力を抜くようにします。

リラックスして走る

- にこっと笑う
- 手は軽く握る or 開く
- 全身の力を抜く

OK
NG

陸上運動 短距離走（姿勢）

魔法の言葉 45
前に倒れそうになりながら走ってごらん

ココをCheck! どうしてできないの？
- □ 体を反らしてバタバタと走っていないかな？
- □ 無理に力を入れて足を前に出してないかな？

コレで解決! 体を前に倒して、自然に足を出す

　まず、「気をつけ」をしてください。そのままの姿勢で体を前に倒すと、片足が自然と前に出ます。さらに倒していくと、足が自然と交互に出るはずです。これが、無理のない、自然な走り方です。

　お腹を突き出して走る子がいますが、これでは速く走ることはできません。力を入れて足を前に出すのではなく、体を前傾させて自然に足が出るようにするのが理想的です。**「前に倒れそうになりながら走ってごらん」**という言葉で、自然に足が前に出る動きを伝えることができます。このフォームが正しく身につけば、スピードに乗った気持ちのよい走りができるようになります。

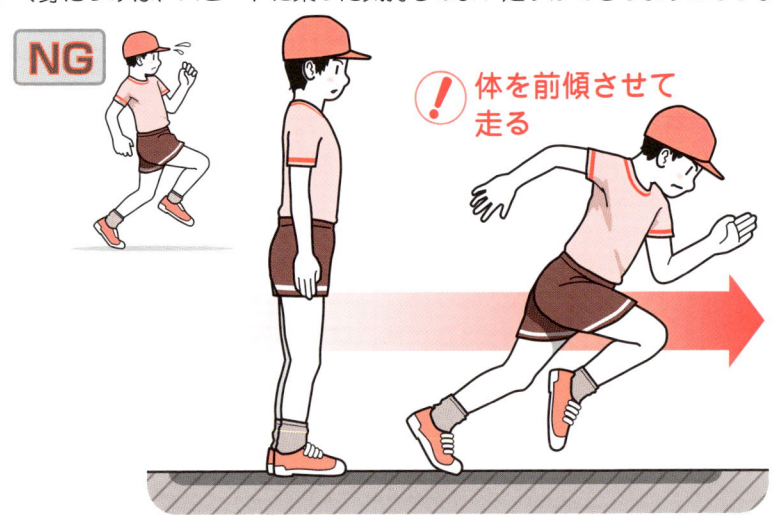

NG

! 体を前傾させて走る

82

陸上運動 短距離走（コーナー）

魔法の言葉 46 コーナーは右足で走ってごらん

どうしてできないの？ ココをCheck!
- □ 体をまっすぐにして走っていないかな？
- □ つま先が外側に向いていないかな？

コレで解決！ 右足を意識しながら走る

　運動会で「短距離走」を行うとき、低学年以外はトラックを半周する場合がほとんどです。コーナーで速く走るためには、右足で強く外側に向かって蹴る必要があります。なぜなら、トラックは左回りが基本だからです。
　「コーナーは右足で走ってごらん」という言葉で、右足を意識しながら走ることができます。ラインの外側になる右腕と右足を大きく動かして、外側に向かって力強く蹴ることが大切です。
　また、体全体をトラックの内側に傾けることも大切なポイント。左足のつま先をトラックの内側へ向ければ、よりなめらかに走ることができます。

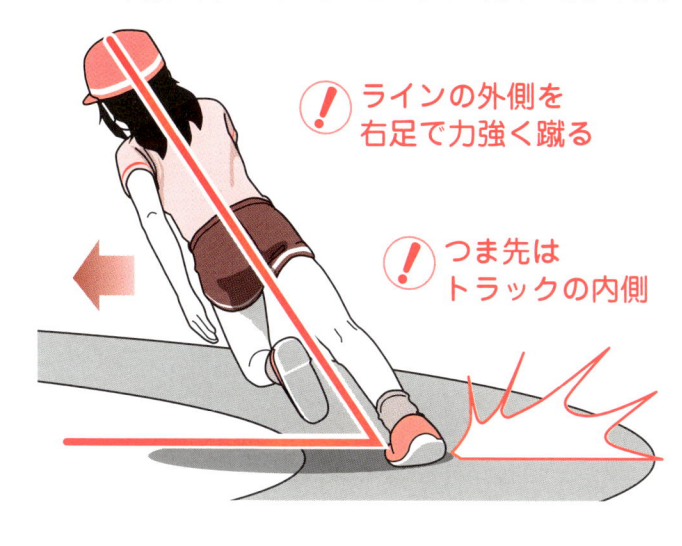

⚠ ラインの外側を右足で力強く蹴る

⚠ つま先はトラックの内側

陸上運動 短距離走（スタート）

魔法の言葉 47
スタートラインから体を乗り出してかまえてごらん

ココをCheck! どうしてできないの？
- □ 足を前後に開くだけになっていないかな？
- □ ヒザが伸びていないかな？

コレで解決! スタートは前傾姿勢でかまえる

　体力テストの50m走や運動会の「短距離走」では、上手な「スタート」を知るだけでタイムをかなり伸ばすことができます。

　スタートの位置で、足を前後に開いて立っているだけの子がいますが、これではスタートがワンテンポ遅れてしまいます。

　素早いスタートをするには、最初からヒザを曲げて、体を低くかまえるとよいのです。**「スタートラインから体を乗り出してかまえてごらん」**という言葉をかけるだけで、自然にヒザが曲がった前傾姿勢のかまえになり、よいスタートをきることができます。スタートをきって走りはじめたら、ヒザを曲げて地面を後ろに蹴ります。

⚠ ヒザを曲げて体を低くかまえる

陸上運動 **短距離走（スタート）**

魔法の言葉 **48** 「よーい」（うん！）で スタートしてごらん

どうしてできないの？

ココをCheck!
☐ スタートの合図を聞いてから走り出していないかな？

コレで解決！ 合図を出す人のタイミングに合わせる

　スタートの姿勢がうまくできても、スタートの合図（号砲）に対する反応が遅いとタイムは伸びません。「よーい」「ドン（バン）！」の合図でスタートするのですが、実際には音が鳴ってから走り出すまで時間がかかります。
　理想のスタートは、合図の音が鳴るのと同時に走りはじめることです。
　「『よーい』（うん！）でスタートしてごらん」というのは、「よーい」の声に「うん！」と返事して走りはじめるということ。合図を出す人のタイミングに合うように、自分が走る前にしっかり確かめておくことが大事です。
　合図より少しでも速いとフライングで失格になるので気をつけましょう。

！ 合図の音と同時に走り出す

！ 「よーい」の声に「うん！」と返事をする

陸上運動 短距離走（ゴール）

魔法の言葉 49 5m先の本ゴールまで走ってごらん

どうしてできないの？

ココをCheck!
□ゴールの手前でスピードを落としていないかな？

コレで解決！ スピードを落とさず走り抜ける

スタートと同じように気をつけなくてはならないのが、「ゴール」です。
速く走れる人が完璧にスタートをきっても、ゴールの手前でスピードをゆるめて、他の人に抜かれてしまうという失敗をよく見かけます。
このような失敗をしないために、ゴールラインが近づいても気を抜かずに、そのままのスピードでゴールラインを走り抜けなくてはいけません。
そのためには、「5m先の本ゴールまで走ってごらん」という言葉をかけてあげましょう。本当のゴールはまだ先にあるという意識を持たせることで、スピードを落とさずに走り抜けることができます。

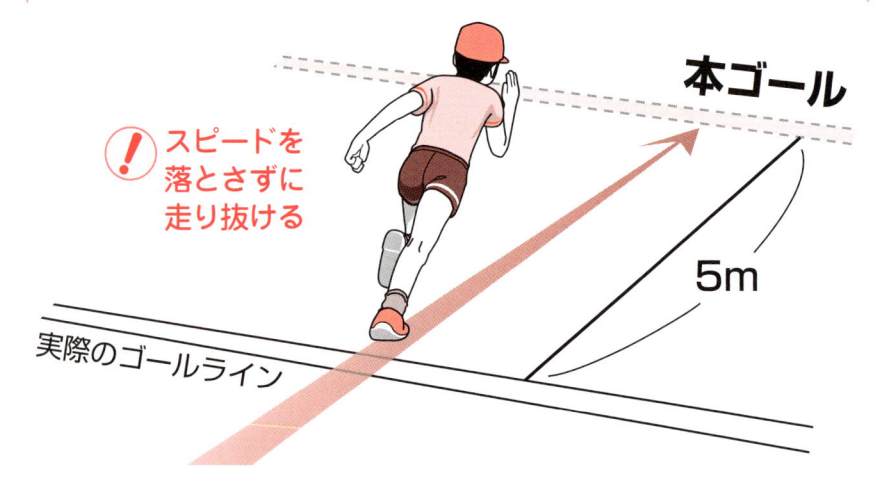

！ スピードを落とさずに走り抜ける

本ゴール

5m

実際のゴールライン

陸上運動 リレー（バトン）

魔法の言葉 50
バトンが近づいたら 前を向いて逃げてごらん

どうしてできないの？

ココをCheck!
☐ 後ろを見ながらバトンを受けていないかな？

コレで解決！ バトンが近づいたら、前を向いて走る

　運動会の花形でもある「リレー」でもっとも大切なポイントは、バトンの受け渡しです。できるだけ速く、そして落とさないように確実に受け渡しを行わなくてはいけません。

　バトンを手渡すとき、走っている人のスピードがまったく変わらないのが、よい受け渡しです。しかし、バトンを受けるときに最後まで後ろを見ている子がいます。バトンに気をとられすぎると、うまく走りだすことができません。そうすると、走るスピードも落ちてしまうのです。

　「バトンが近づいたら前を向いて逃げてごらん」という言葉で、スピードに乗った、よいバトンの受け渡しができます。

! スピードを落とさず前を向いて走る

! 左手で渡して右手でもらう

陸上運動 リレー（バトン）

魔法の言葉 51　バトン渡しはいっしょに走ってごらん

どうしてできないの？

ココをCheck!
☐ バトンを渡すときにスピードが落ちていないかな？

コレで解決！　バトンを渡すときは前の走者と一緒に走る

　前のページでは、バトンを受ける側の走者への言葉を紹介しました。今度は渡す側の走者に向けた言葉です。

　受け渡しのポイントは、走っているときのスピードを落とさないこと。それには、「**バトン渡しはいっしょに走ってごらん**」という言葉が有効です。バトンを受ける走者といっしょに全力で走ると、最高スピードのままでバトンを渡すことができ、理想的な受け渡しになります。

　ただし、バトンゾーンから出てしまうと失格になるので、注意が必要です。なるべく短い距離で、タイミングよくバトンの受け渡しを行うためには、何度も繰り返し練習して、タイミングを体で覚えます。

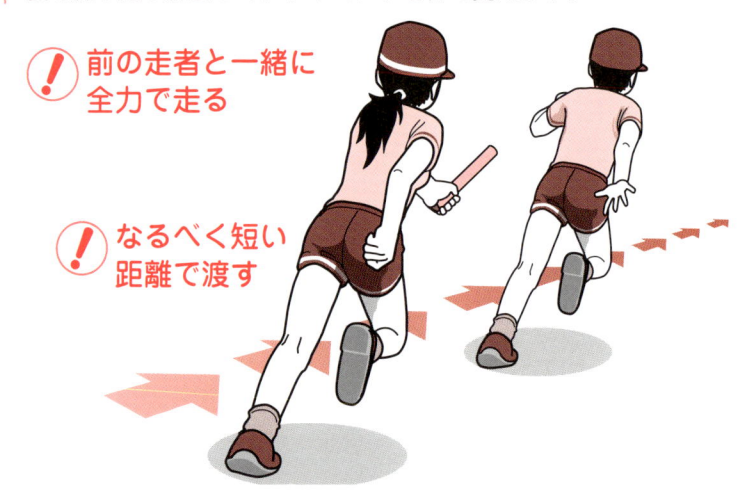

⚠ 前の走者と一緒に全力で走る

⚠ なるべく短い距離で渡す

陸上運動 ハードル走①

魔法の言葉 52 前にいる人に足の裏を見せてごらん

どうしてできないの？ ココをCheck!
- □ ハードルを越えるとき、上に跳び上がっていないかな？
- □ 跳び上がるたびにスピードが遅くなっていないかな？

コレで解決！ ヒザを伸ばして足を前に出す

　「ハードル走」はスピードを落とさず走ることがタイムを縮める秘訣です。そのため、ハードルを越えるときは、上に跳び上がるようなジャンプではなく、頭がなるべく上下に動かないジャンプが理想的です。振り上げる足のヒザを伸ばして、足を前にしっかりと出すのがよいフォームです。

　うまくできない子には、**「前にいる人に足の裏を見せてごらん」**という言葉をかけてあげましょう。すると、子どもは自分の足の裏を前に向けるように意識するので、自然と足をまっすぐ振り上げるようになり、足が伸びた、よいフォームになるのです。

⚠ 足の裏を前に向ける

⚠ 足をまっすぐ振り上げる

陸上運動 ハードル走②

魔法の言葉 53 反対の手で足の指をさわってごらん

どうしてできないの？ ココをCheck!
- □ 上体が起きていないかな？
- □ 頭が上下に動いていないかな？

コレで解決！ 手を前に出して上体を倒す

　足の動きがよくなっても、上体が起きたまま走っていては「ハードル走」は速く走ることができません。速く走るには上体の姿勢も重要です。

　ハードルを跳び越えるときの姿勢は、上体を前に倒すようにします。この動きを身につけるために、「反対の手で足の指をさわってごらん」と言葉をかけてあげると効果があります。たとえば、左足を振り上げて前に伸ばしたときは、反対側の右手を前に出します。足先をさわるように腕を伸ばせば、自然と前に体が倒れます。体が堅い子でも上体を前に倒すイメージができればよいのです。できるだけ頭が上下に動かないようにしましょう。

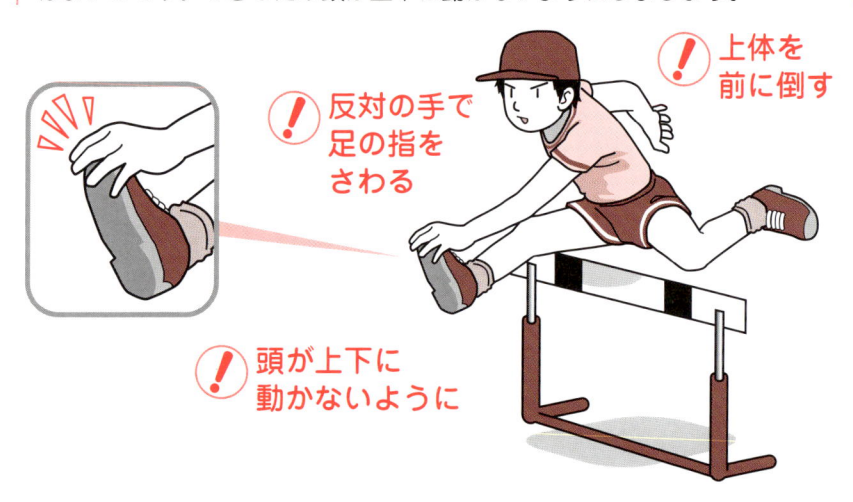

⚠ 反対の手で足の指をさわる

⚠ 上体を前に倒す

⚠ 頭が上下に動かないように

90

陸上運動 走り幅跳び①

魔法の言葉 54
空に向かって大きなバンザイをして跳んでごらん

ココをCheck!　どうしてできないの？
- □ 前に跳ぼうという気持ちが強すぎないかな？
- □ 体の反らしが小さくないかな？

コレで解決！　空中で両手を振り上げて体を反らす

「走り幅跳び」で長い距離を跳ぶためのポイントは2つあります。それは、踏み切ったときの「跳ぶ角度」と「体の反らし」です。

踏み切ったあとは、空中で両手を振り上げながら体を大きく反らします。そのあと、すぐにしっかりと体を曲げ、前傾姿勢になって着地をします。

また、踏み切るときに、前に跳ぼうという気持ちが強すぎると、低いジャンプになってしまい、あまり長い距離を跳ぶことができません。

「空に向かって大きなバンザイをして跳んでごらん」という言葉のように大きく跳べば、跳び出す角度も、空中姿勢もぐんとよくなります。

! 両手を振り上げる
! 体を反らす
! 空に向かって跳ぶ

91

陸上運動 走り幅跳び②

魔法の言葉 55　伸ばしたつま先に両手をつけて着地してごらん

ココをCheck! どうしてできないの？
- □ 立った状態で着地していないかな？
- □ 上半身が後ろに倒れていないかな？

コレで解決！ 両手両足から着地する

「走り幅跳び」の着地は、砂にさわるまでの時間を少しでも遅らせることが大切です。立った状態で着地をすると、すぐに砂にさわってしまいますが、両足のヒザを伸ばして前にグンと出すようにすると、それだけで着地点が数十cmも長くなって、記録が伸びるのです。

ポイントは、前に出した足といっしょに上体を前方に倒すこと。両足を出すだけでは、上半身が後ろに倒れてしまい、逆に記録が下がってしまいます。**「伸ばしたつま先に両手をつけて着地してごらん」**という言葉で、上半身を前に倒して、両手両足から着地できるようになります。

! 上体を前に倒す
! 両手をつま先につける
! 両足のヒザを伸ばす

陸上運動 走り高跳び（はさみ跳び）

魔法の言葉 56 横向きになってバーに近い足を振り上げてごらん

どうしてできないの？ ココをCheck!
- □ バーを蹴りあげていないかな？
- □ バーの正面から足を振り上げていないかな？

コレで解決！ バーに対して横から足を振り上げる

「はさみ跳び」をするときは、ななめから走りこみますが、ジャンプする直前でバーに対して横向きになります。

うまくできないときは、「横向きになってバーに近い足を振り上げてごらん」という言葉をかけてください。バーを蹴りあげることもなく、うまく足を振り上げることができます。足は真上に振り上げるのではなく、バーを越すようにななめ上に向かって上げるのも大切なポイントです。

また、踏み切る位置は、バーから離れすぎても近すぎてもダメ。腕を伸ばせばバーにさわるくらいの位置から踏み切るのがよいでしょう。

⚠ バーに対して横向きになる

⚠ 足をななめ上に振り上げる

陸上運動 走り高跳び（はさみ跳び）

魔法の言葉 57
ヒザを横に向けて足からバーを越えてごらん

ココをCheck!　どうしてできないの？
- □踏み切った足がバーに引っ掛かっていないかな？
- □踏み切った足をそのまま持ち上げていないかな？

コレで解決！　ヒザを寝かせてバーを越える

　子どもが「はさみ跳び」をするとき、振り上げた足がバーを越えても、地面を踏み切ったほうの足が引っかかってしまうケースがよく見られます。

　うまく跳べないときは、ヒザの角度に注意してみましょう。踏み切った足をそのまま持ち上げるのではなく、ヒザを寝かせて足の先からバーを越すようにするのがポイントです。**「ヒザを横に向けて足からバーを越えてごらん」**という言葉で、この動きがより具体的に伝わります。

　さらに、「バーを見ながら着地してごらん」という言葉を加えれば、うまく体をひねることができ、もっと高いバーを越せるようになるでしょう。

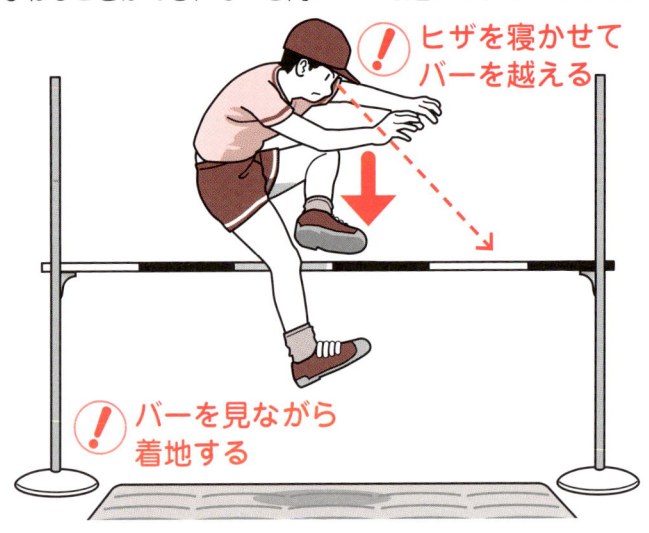

！ヒザを寝かせてバーを越える

！バーを見ながら着地する

第5章 水泳

項目		難易度
P96	浮き方	★☆☆
P98	けのび	★☆☆
P100	クロール（手のかき）	★★☆
P101	クロール（手のかき）	★★☆
P102	クロール（バタ足）	★★☆
P104	クロール（バタ足）	★★☆
P105	クロール（息つぎ）	★★☆
P106	平泳ぎ（息つぎ）	★★★
P108	平泳ぎ（手のかき）	★★★
P110	平泳ぎ（手のかき）	★★★
P112	平泳ぎ（カエル足）	★★★

水泳 浮き方

魔法の言葉 58 へこませたお腹を見ながら浮いてごらん

水泳の基本はまず水に浮かぶことです。なかでも、腕で頭をはさんで、体をまっすぐにする「ふし浮き」は、クロールなどすべての泳ぎにつながる基本です。

ココをCheck! どうしてできないの？
- □アゴを上げていないかな？
- □お腹を突き出していないかな？
- □全身に力が入っていないかな？

コレで解決! 体の力を抜いて水に浮く

　水泳は水に浮くことからはじまります。その方法には「くらげ浮き」「だるま浮き」「ふし浮き」「大の字浮き」「背浮き」などがありますが、すべてに共通する基本は、全身の力を抜いた状態にすることです。

　まず最初は「くらげ浮き」です。手足の力を抜いてブラリと下にたらします。まさに、くらげがただよう感じです。次に「ふし浮き」では、腕で頭をはさむと同時に、体をまっすぐ伸ばすようにします。背中を反らしてはいけません。少し背中を丸める感じです。

　効果的に動きを覚えるには、「へこませたお腹を見ながら浮いてごらん」という言葉がよいでしょう。自然とアゴをひく姿勢になるので、背中が反ってしまうこともありません。このとき、息は鼻から少しずつ吐くようにします。

できないときはもうひとこと!! おばけになってごらん

　上手に水に浮くためには、「おばけになってごらん」という言葉も非常に有効です。その言葉で、全身の力を抜くことができます。水に体を浮かべた状態から発展する「ふし浮き」は、クロールや平泳ぎなどすべての泳ぎにつながる、とても大切な基本。まずは上手に水に浮く方法から覚えましょう。

体の力を抜いて浮く

⚠ おヘソを見ながら背中を少し丸める

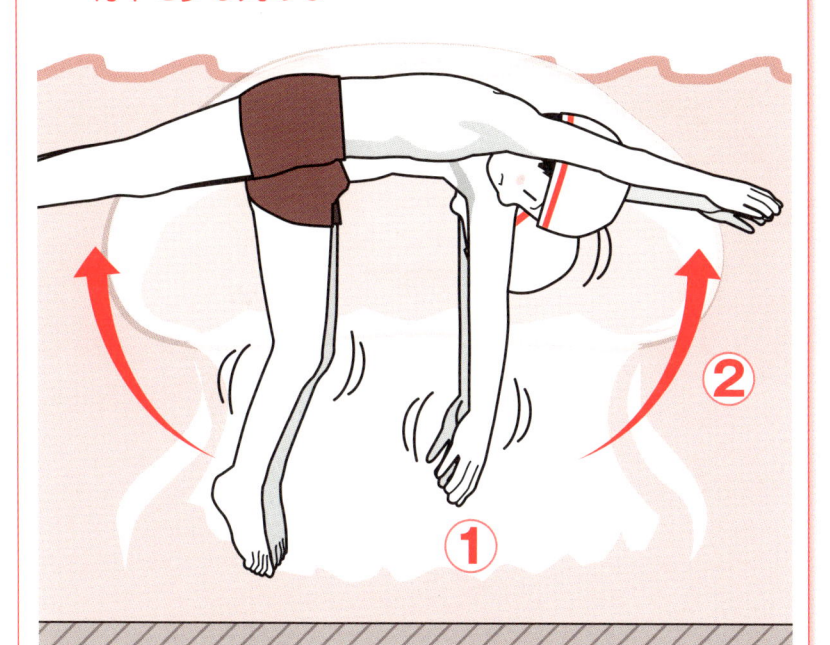

⚠ 鼻から少しずつ息を吐く

① ②

COLUMN 「チョウチョ泳ぎ」は魔法の泳ぎ

　「泳ぐ」ために必要なのは、「浮く」ことと「息をする」ことです。この2つができていれば、あとは手足を動かすだけで前に進みます。
　浮いたまま息をするには、あお向けに浮くという方法があります。そのまま手足を軽く動かして前に進む「チョウチョ泳ぎ」という泳ぎ方は、すぐに25mが泳げるようになる魔法の泳ぎ方です。

水泳 けのび

魔法の言葉 59
ロケットになって水中を進んでごらん

プールの壁を蹴って、体を伸ばしながら水中を進むのが「けのび」です。正しい姿勢の「けのび」を身につけると、水をかかずに何メートルも進むことができます。

ココをCheck! どうしてできないの？
- □ 水面から頭が上がっていないかな？
- □ 胸でブレーキをかけていないかな？
- □ 背中が反ったり丸まったりしていないかな？

コレで解決！ アゴをひいて水面をすべるように進む

「けのび」をするときは、まず、壁に背中をつけるように水中でしゃがみます。次に両足で軽く床を蹴り、両足の裏を壁につけます。両ヒザを曲げ、両腕を前にかまえたこの一瞬のポーズのあいだに、勢いよく発進する力をためるのです。両手の指を組みながら壁を蹴って、体がまっすぐになるように、前方にしっかりと伸ばして、勢いよく水中を進みます。

「ロケットになって水中を進んでごらん」という言葉で、水の中から勢いよくけのびができるようになります。水面をすべるように進むことを心がけて、アゴをひいて、プールの床を見ることが大事です。

また、「ロケット発射用意！3、2、1、発射！」と言って、楽しく練習させるのもよいでしょう。

できないときはもうひとこと!! 体を棒のようにしてごらん

「けのび」は、プールの壁を蹴るときにしっかりと体を沈めなければ、上手にできません。また、水中では手先から足先までをしっかりと伸ばすことも重要です。進んでいるときに背中が反ったり、丸まったりしているようなら、「体を棒のようにしてごらん」と言葉をかけてあげましょう。

壁を蹴ったあとはふし浮き

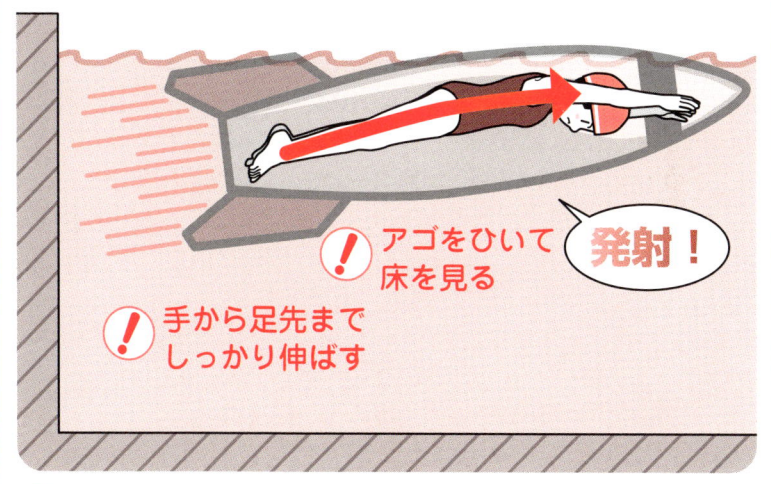

- 両腕をかまえる
- 両足の裏を壁につけて数える

3、2、1…

JUST 両足の裏をつけたとき

- アゴをひいて床を見る
- 手から足先までしっかり伸ばす

発射！

けのびって何？

「けのび」はクロールをするにも平泳ぎをするにも、その基本となる重要な運動です。小学校の水泳の授業でも、毎回最初に「けのび」の練習を行います。1度の「けのび」でプールをどこまで横断できるかを競うと、その距離でうまさがわかります。プールの横の長さ(約12ｍ)を「けのび」で横断できる子は学校内で数人です。

水泳 クロール（手のかき）

魔法の言葉 60
空からヒジが引っぱられるようにしてごらん

どうしてできないの？

ココを Check!
☐ 腕を伸ばしたまま回していないかな？

コレで解決！ 腕を水中から出すときはヒジから

「クロール」で水をかくとき、ただ単に腕を伸ばしたまま回していても、うまく前に進むことができません。これでは、腕が水にぶつかって、泳ぎにブレーキをかけてしまっているのでうまく泳げないのです。

水をかいた腕を水中から出すときは、ヒジから出すようにします。「空からヒジが引っぱられるようにしてごらん」という言葉にすると、上手に水から腕を出すイメージが、伝わりやすくなります。

水中では、ヒジから先の前腕で水を押さえるように動かします。「水を自分のおヘソにぶつけてごらん」という言葉も効果があります。

⚠ 上からひっぱられるように出す

⚠ ヒジから出す

水泳 クロール（手のかき）

魔法の言葉 61

指の先で水をつきさしてごらん

ココをCheck! どうしてできないの？

- □ 水をかくときにヒジが伸びていないかな？
- □ 手のひらから水に入れていないかな？

コレで解決！ 指の先から水に入れる

「クロール」で水をかくときは、腕を水に入れる、入水の動きも重要になります。腕全体を水にぶつけて「バシャン！」と、音をたてて水をかいている子をよく見かけます。

しかし、これでは前に進むどころか、泳ぎを止めているようなもの。なるべく水の抵抗を受けないように、指先から水に入れるのが理想的です。

この動きはなかなか難しいのですが、**「指の先で水をつきさしてごらん」**という言葉で、水の抵抗を受けず、スムーズに入水することができます。

前のページで説明した腕の抜きから、腕を水に入れるまでの動きが流れるようにできるまで練習しましょう。

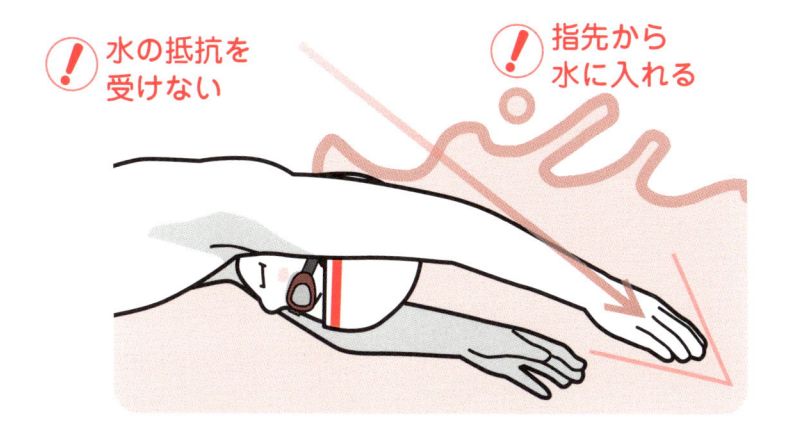

⚠ 水の抵抗を受けない

⚠ 指先から水に入れる

101

水泳 クロール（バタ足）

魔法の言葉 62　足全体をやわらかい棒にしてごらん

クロールのバタ足は、ヒザを伸ばして、足全体で水を打つことが大切です。足全体を1本のやわらかくしなる棒のようなつもりでバタ足をすると上手にできます。

どうしてできないの？
- □ ヒザが曲がっていないかな？
- □ 水面を足の甲で打っていないかな？
- □ 足を水中に入れてバタ足していないかな？

コレで解決！ 足全体をやわらかい棒にしてごらん

「クロール」で使う「バタ足」は小学校の低学年からも練習する動きです。水泳の時間には、必ずバタ足の練習がありますが、水しぶきばかりが大きく、前に進んでいない子を見かけます。

水しぶきが大きくて前に進まないのは、ヒザを曲げて水に打ちつける動きをしているからです。しかし、自分の足を直接見ることはできないので、動きの間違いに気づきにくいのです。

正しい動きを身につけさせるには、まずプールサイドに腰かけて練習させます。自分の足の動きが見えて、正しい動きが身につきやすくなるのです。「足全体をやわらかい棒にしてごらん」という言葉で、ヒザをなるべく曲げない、足全体を大きく使った動きになります。

できないときはもうひとこと!! 親指を伸ばして小さなバタ足をしてごらん

「親指を伸ばして小さなバタ足をしてごらん」という言葉も効果があります。多くの子どもは、がんばりすぎて、大きなバタ足をしてしまいます。すると、ヒザが曲がり、水しぶきばかりが大きい、前に進まないバタ足になります。足を小さく動かせば、ヒザが伸びて効率よく水を後ろにかけるのです。

ヒザを伸ばして足を動かす

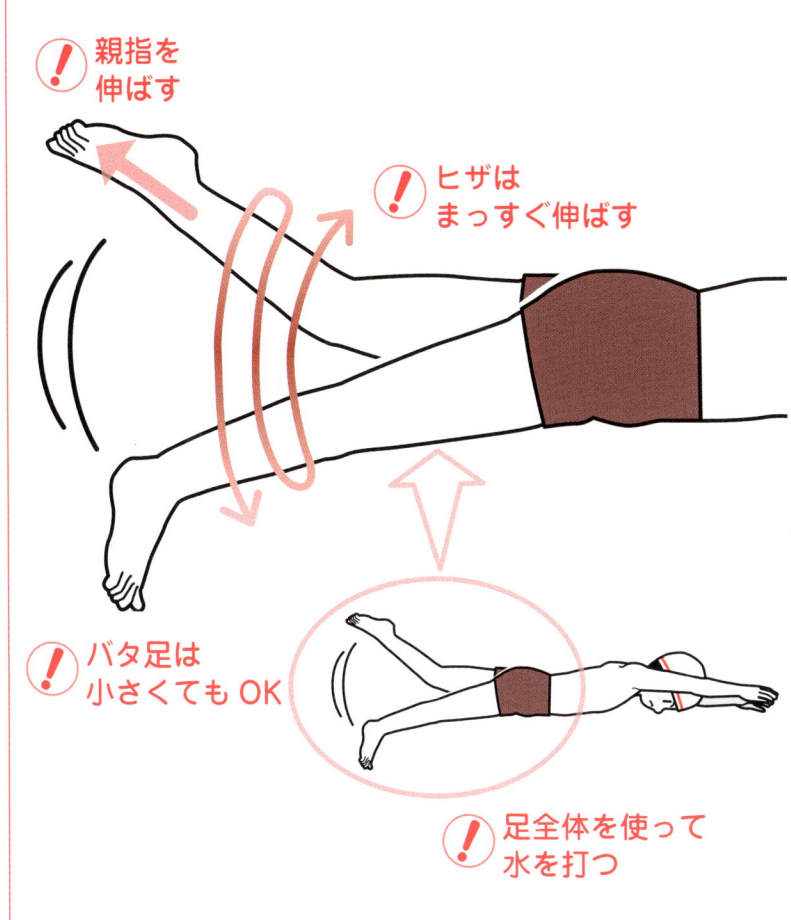

- 親指を伸ばす
- ヒザはまっすぐ伸ばす
- バタ足は小さくても OK
- 足全体を使って水を打つ

📖 COLUMN 夏休みの水泳教室でレベルアップ

　小学生の習い事でいちばん多いのは「水泳」です。クラスの半数以上の子がスイミングスクールに通った経験があります。

　小学校の体育の時間に水泳をしますが、年に１０回もありません。これでは、上手に泳げるようになるのは難しいでしょう。多くの子どもは夏休みに学校で行われる水泳教室でぐんと上達するのです。

水泳 クロール（バタ足）

魔法の言葉 63　足の親指がかするように動かしてごらん

どうしてできないの？ ココをCheck!
- □ 両足の間隔が開いていないかな？
- □ 足首が固くなっていないかな？

コレで解決！　足の親指をかするつもりで水をかく

　足全体を使って「バタ足」ができるようになっても、水をきちんと蹴っていなければ、思うように前に進めません。足首を返す力を利用して、足の甲で水を後ろにかくようにしなければいけないのです。

　上手に水を蹴っている子は、足の甲を伸ばして、やや内股になっています。うまくできない子には、**「足の親指がかするように動かしてごらん」**と言葉をかけてあげましょう。実際に親指をかすらせる必要はありません。かするように意識を持たせることで、足の甲が伸びるので、理想のイメージに近づき、きれいなバタ足ができるはずです。

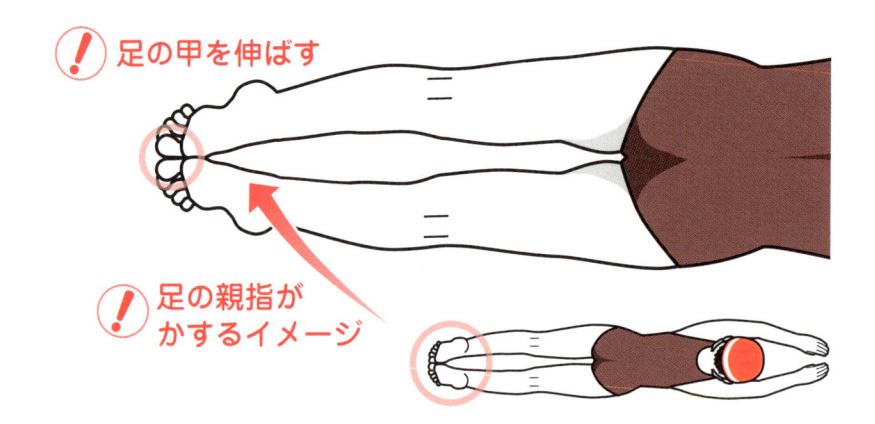

! 足の甲を伸ばす

! 足の親指がかするイメージ

水泳 クロール（息つぎ）

魔法の言葉 64
肩を枕にして肩を見ながら息をしてごらん

ココをCheck! どうしてできないの？
- □アゴを上げて息つぎをしていないかな？
- □顔を前に向けて息つぎをしていないかな？

コレで解決！ アゴをひいて顔を半分だけ出す

「クロール」の仕上げで、必ずつまづくのが「息つぎ」です。

腕のかきやバタ足がうまくできるようになっても、息つぎができなければ苦しくなって、長く泳ぎ続けることができません。

前を見るように頭を持ち上げたり、空を見るように体を回転しすぎる子どもが多くいます。しかし、これでは上手に息つぎができません。**「肩を枕にして肩を見ながら息をしてごらん」**という言葉をかけると、正しい動きを身につけることができます。腕を水から出したときに、アゴをひいたまま顔を半分だけ水中から出すと、息つぎはとても楽にできるようになります。

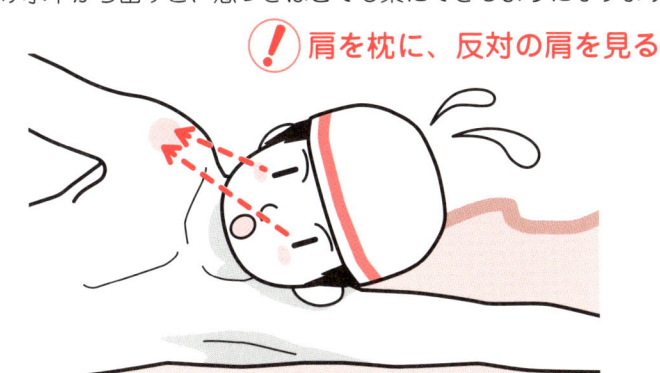

⚠ 肩を枕に、反対の肩を見る

⚠ アゴはひいたまま　　⚠ 顔は半分だけ水中から出す

水泳 平泳ぎ（息つぎ）

魔法の言葉 65 "けのび"と"けのび"の間に息をしてごらん

「平泳ぎ」は必死に手足を動かしても、速く泳ぐことはできません。実は体をまっすぐに伸ばした「けのび」のときに一番進んでいるのです。

どうしてできないの？

ココを Check!

- □手足を絶えず動かしていないかな？
- □体をしっかりと伸ばせているかな？
- □けのびと息つぎのタイミングが合っているかな？

コレで解決！ 体を伸ばして「けのび」を意識する

「平泳ぎ」は小学校の水泳の最終目標と言ってよいでしょう。平泳ぎの手のかきや足の動きは、少し複雑です。クロールができた子でも、正しい平泳ぎの泳ぎ方を身につけるのはなかなか難しいようです。

平泳ぎのオリンピック選手を見ると、ピッチが速く、絶えず手足を動かしている印象があります。しかし、平泳ぎで一番進んでいるのは手足を動かしていない時間、つまり、「けのび」のときなのです。

多くの子どもたちは必死に手足を速く動かそうとしますが、実際に平泳ぎで速く泳げるのはしっかりとけのびで体を伸ばしている子です。**"けのび"と"けのび"の間に息をしてごらん**」という言葉のように、手足を曲げて息をしてから「けのび」、手足を曲げて息をしてから「けのび」という繰り返しが大切なのです。

できないときはもうひとこと!! カエル足で水を蹴って"けのび"をしてごらん

「カエル足で水を蹴って"けのび"をしてごらん」という言葉も効果があります。平泳ぎで大切なことは、十分に体を伸ばした状態をつくることです。そのためには、けのびのときと同じように、体をまっすぐ一直線にして水中を進むように意識させます。

しっかり体を伸ばして"けのび"をする

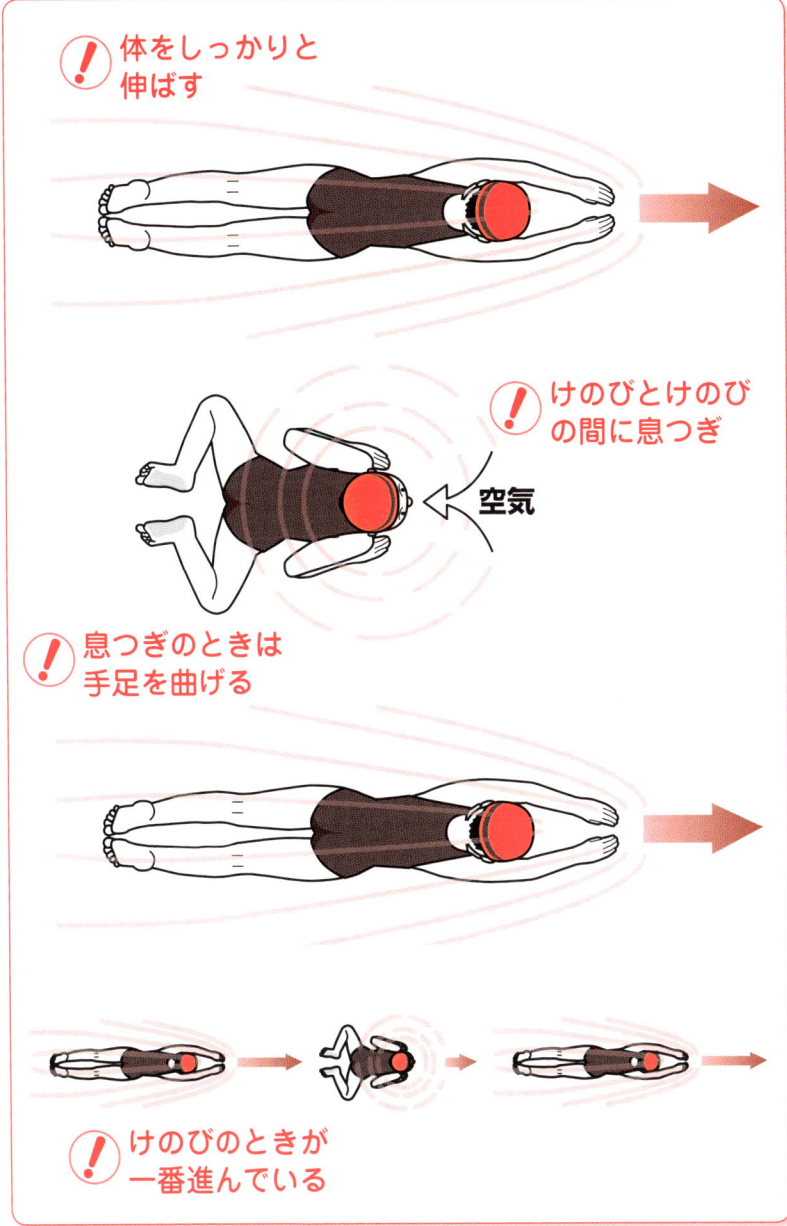

⚠️ 体をしっかりと伸ばす

⚠️ けのびとけのびの間に息つぎ

←空気

⚠️ 息つぎのときは手足を曲げる

⚠️ けのびのときが一番進んでいる

第5章 水泳

水泳 平泳ぎ（手のかき）

魔法の言葉 66 手は逆ハートの形に動かしてごらん

「平泳ぎ」の腕のかきには、上体を持ち上げて呼吸ができるようにする役割があります。正しい腕のかきを覚えれば、リズムよく泳げるようになります。

どうしてできないの？

ココをCheck!
- □ 腕を大きく開いていないかな？
- □ 力が入りすぎていないかな？

コレで解決！ 正しい腕のかきを覚える

前のページで、「平泳ぎ」は「けのび」の状態で前に進んでいると説明しましたが、もちろん腕のかきにも、大切な役割があります。上体を水面から浮かせて、呼吸ができるようにします。

ただし、力強く水をかくと、上体が水面から出すぎてブレーキがかかり、逆にスピードが落ちてしまいます。また、腕を横に大きく広げるのもよくありません。これでは、上体を持ち上げてから腕を前に伸ばすまでの一連の動きが、すばやくできないのです。

上手にできない子には、「**手は逆ハートの形に動かしてごらん**」という言葉をかけてあげるとよいでしょう。「ハート」という形は、子どもにとってはイメージがしやすく、正しい腕のかきにすぐに変えることができます。

できないときはもうひとこと!! 三角おにぎりの形に手をかいてごらん

「三角おにぎりの形に手をかいてごらん」という言葉をかけるのも効果的です。小さな子には、「逆ハートの形」がイメージしにくいので、「三角おにぎりの形」という言葉を使うとわかりやすくなります。だいたいできるようになったら、さらに正しい動きに直すようにしてください。

逆ハートの形をイメージしてかく

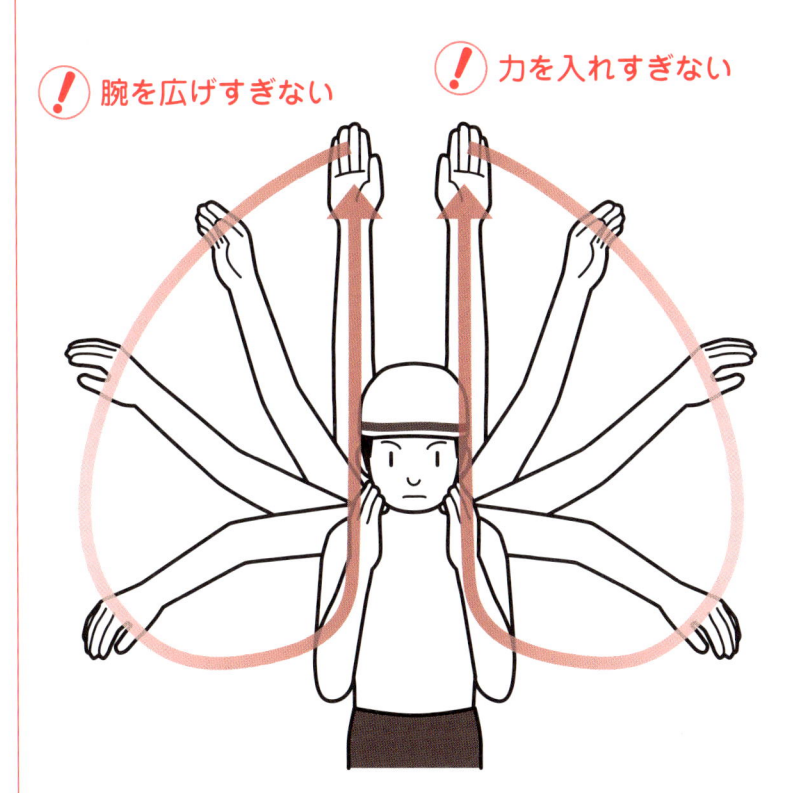

⚠ 腕を広げすぎない　　⚠ 力を入れすぎない

📖 COLUMN 「平泳ぎ」の第2のポイントは「カエル足」

　「平泳ぎ」は、手のかきと同じくらいに、「カエル足」と呼ばれる足の動きが大切です。しかし、この足の動きは小学生にとって、複雑で難しい動きのため、なかなか平泳ぎができるようにならない子が多いのです。
　あおり足で泳いでしまうと、平泳ぎはできません。平泳ぎができるようになるためのポイントは、カエル足なのです。

水泳 平泳ぎ（手のかき）

魔法の言葉 67
両腕で水をワキにはさんでごらん

「平泳ぎ」の腕のかきは、前腕で水を押さえるように引き、胸の前で両手を合わせるのが基本です。正しい動きが身につくように、繰り返し練習しましょう。

どうしてできないの？

ココをCheck!
- □ 両手を大きく横に開いていないかな？
- □ 腕をかくスピードが遅くないかな？

コレで解決！ ワキを閉じて胸の前でかまえる

　「平泳ぎ」ができない子の多くは、腕で水を左右にかきわけるような動きになっています。顔を水面から出してゆっくり泳ぐのであればよいのですが、胸に当たる水でブレーキがかかってしまうので、これではスピードのある泳ぎはできません。

　正しい「平泳ぎ」は、ヒジから先の前腕全体を使って、水を押さえるようにかきます。次にワキを閉じて前腕をそろえ、胸の前で両手を合わせてかまえるのが基本です。その状態から前に腕を伸ばし、全身をまっすぐにして泳ぎます。

　「両腕で水をワキにはさんでごらん」 という言葉によって、その動きができるようになります。この言葉は、前のページの「手は逆ハートの形に動かしてごらん」といっしょに使うと、より効果的です。

できないときはもうひとこと!! ビーチボールをかかえるようにかいてごらん

　「ビーチボールをかかえるようにかいてごらん」という言葉も効果があります。手のひらを横に向けて水平に水をかくのではなく、ヒジから先の腕全体で水をキャッチするようにします。ちょうど、ビーチボールを上からかかえこむようなかっこうになるので、チェックしてみるとよいでしょう。

前腕で水を押さえる

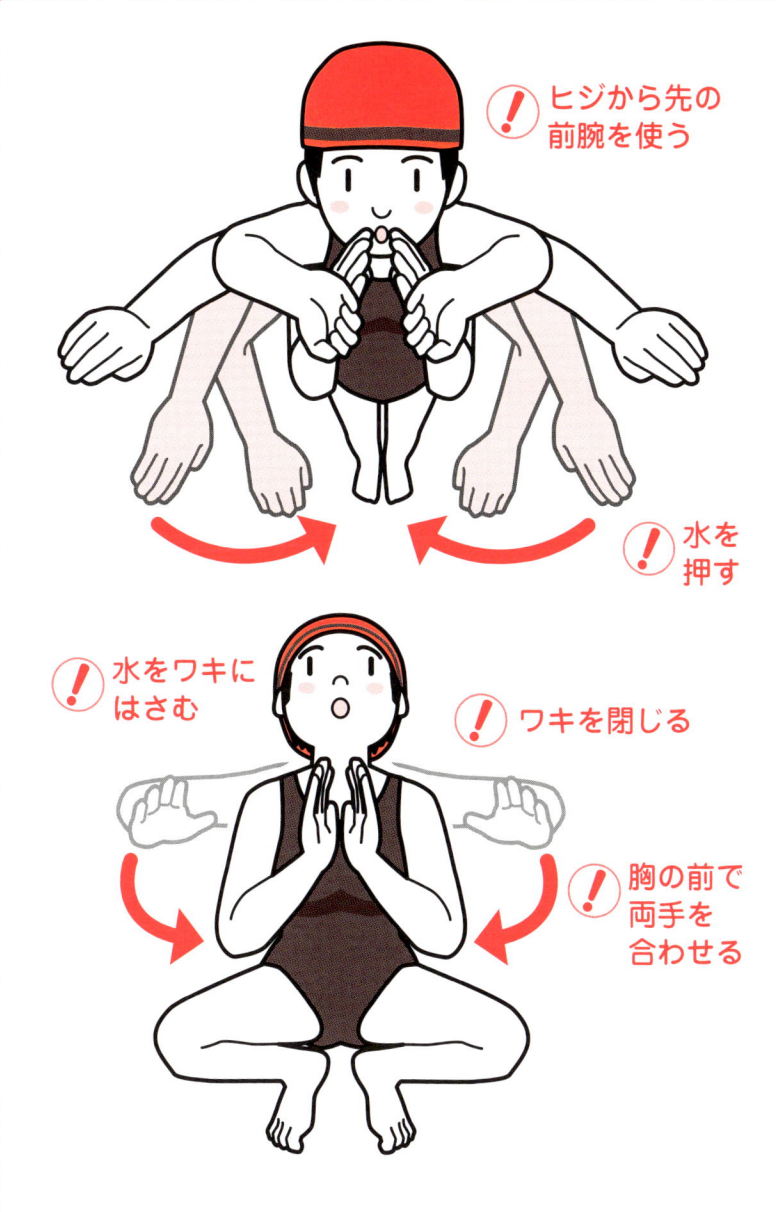

- ヒジから先の前腕を使う
- 水を押す
- 水をワキにはさむ
- ワキを閉じる
- 胸の前で両手を合わせる

水泳 平泳ぎ（カエル足）

魔法の言葉 68

足の裏で水を後ろに押してごらん

ココをCheck! どうしてできないの？

- □「あおり足」になっていないかな？
- □足の甲が伸びていないかな？

コレで解決！ 足の裏で水を後ろに押す

「平泳ぎ」の足の動きを「カエル足」と言います。実は、小学校の水泳でもっとも難しいのが、この足の動きなのです。

できない理由の多くは、「あおり足」と呼ばれる足の動き。バタ足のように足の甲を伸ばしたまま、水を蹴ってしまっているのです。

「足の裏で水を後ろに押してごらん」という言葉を使って、足の裏で水をキャッチする感覚を意識させるとよいでしょう。大きく足を開いて水をはさむようにして泳ぐのではなく、足の裏を使って水を後ろに押しながら進むのが、カエル足なのです。

⚠ 足の裏で水を後ろに押す

第6章 ボール運動

	項目	難易度
P114	ドッジボール（投げ方）	★☆☆
P116	ドッジボール（キャッチ）	★☆☆
P117	ドッジボール（姿勢）	★☆☆
P118	サッカー（キック）	★★☆
P120	サッカー（キック）	★★☆
P121	サッカー（キック）	★★☆
P122	サッカー（ドリブル）	★★☆
P123	サッカー（ストッピング）	★★☆
P124	ソフトボール（投げ方）	★★☆
P126	ソフトボール（投げ方）	★★☆
P127	ソフトボール（キャッチ）	★★☆
P128	ソフトボール（バッティング）	★★☆
P130	バスケットボール（ドリブル）	★★☆
P132	バスケットボール（パス）	★★☆
P133	バスケットボール（ドリブル）	★★☆
P134	バスケットボール（シュート）	★★☆
P136	バスケットボール（シュート）	★★☆
P137	バスケットボール（シュート）	★★☆
P138	バレーボール（レシーブ）	★★☆
P140	バレーボール（パス）	★★☆

ボール運動 ドッジボール（投げ方）

魔法の言葉 69 ボールを肩にかついで押し出してごらん

「ドッジボール」で使うボールは大きく、手が小さい低学年の子どもが投げるのは大変です。両手でボールを支え、手のひらで押し出すように投げましょう。

ココをCheck! どうしてできないの？
- □両手でつかんだまま投げていないかな？
- □ボールを間違った方向に投げていないかな？
- □ボールがすっぽ抜けていないかな？

コレで解決！ 手のひらを押すように投げる

　どんなボールを投げるときでも気をつけなくてはいけないのが、足の位置です。右投げのときは、左足を前に出します。

　おとなにとっては当たり前のことですが、低学年では半分の子ができていません。中・高学年でも間違っている子が多くいます。

　ドッジボールのボールは大きいので、投げるときは両手で持って頭の横でかまえます。右投げなら、右の手のひらに乗せて、左手で支えます。左投げなら、その逆になります。そのかまえから、前方へ右の手のひらを押し出すように投げます。

　「ボールを肩にかついで押し出してごらん」という言葉なら、低学年でも投げ方がわかります。高学年なら、慣れてくればソフトボールの投げ方と同じように、肩の上から投げられるようになります。

できないときはもうひとこと!! 相手を手のひらで押すように投げてごらん

　「相手を手のひらで押すように投げてごらん」という言葉も効果があります。ドッジボールは片手でつかむことができないので、投げる方向へ向けて手のひらで押し出すようにしなくてはいけません。コートの中の相手にボールを当てるなら、その相手を手のひらで押すような動きになります。

ボールを肩から押し出す

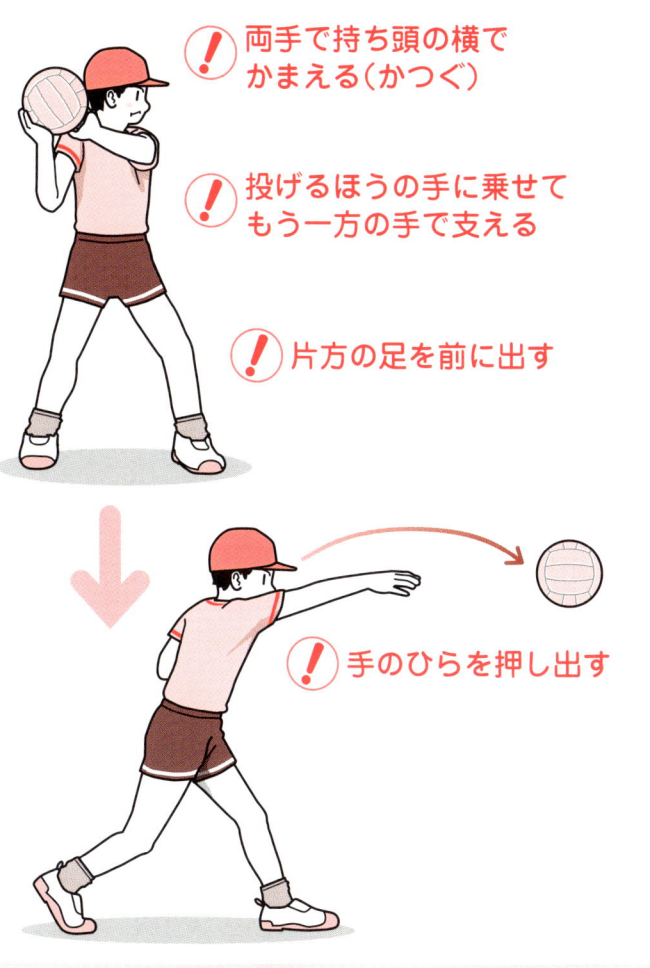

- 両手で持ち頭の横でかまえる（かつぐ）
- 投げるほうの手に乗せてもう一方の手で支える
- 片方の足を前に出す
- 手のひらを押し出す

COLUMN 勢いのあるサイドスロー投球

ドッジボールのボールは大きくて、野球のような投げ方はできないのですが、片手で横から腕を振って、野球のサイドスローのようにボールを投げている子もいます。この投げ方では、遠心力を利用して勢いのあるボールを投げることができます。コントロールが難しく、慣れないとなかなかうまく当てられないのですが、練習してみてもよいでしょう。

ボール運動 ドッジボール（キャッチ）

魔法の言葉 70
腕を伸ばして バネにしてとってごらん

どうしてできないの？

ココをCheck!
☐ 最初から腕を曲げていないかな？

コレで解決！ 軽く腕を伸ばしておく

「ドッジボール」で相手が投げたボールをキャッチできると、かっこいいものです。しかし、ボールは大きくてつかみにくいもの。まだ手の小さい子どもにとっては、かなり難しいことですが、うまくキャッチできない理由は、最初から腕を曲げてしまっているからです。体に当たったボールを、腕を曲げてつかもうとしても、うまくはいきません。

ドッジボールをキャッチするコツは、ボールの勢いをなくすことです。そのためには、最初は軽く腕を伸ばしておかなければいけません。そして、手のひらにボールが触れた瞬間に、腕を曲げるようにします。**「腕を伸ばしてバネにしてとってごらん」**という言葉で、ボールをキャッチするイメージができるようになり、腕の曲げ伸ばしが身につきます。

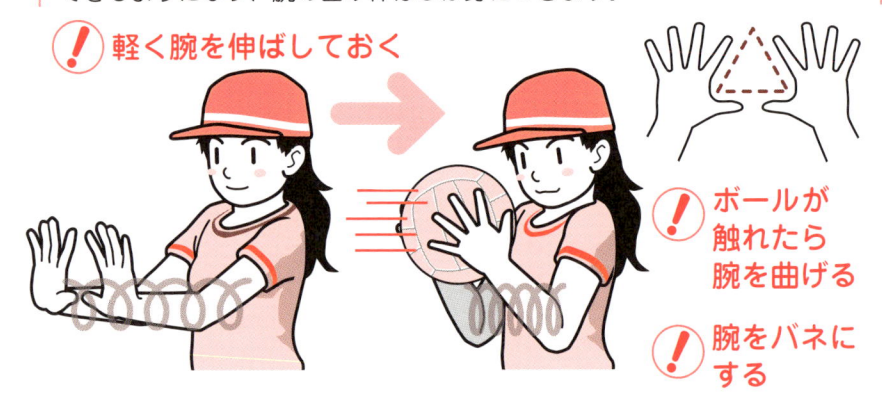

⚠ 軽く腕を伸ばしておく

⚠ ボールが触れたら腕を曲げる

⚠ 腕をバネにする

ボール運動 ドッジボール（姿勢）

魔法の言葉 71
ボールを見ながらエビになって逃げてごらん

ココをCheck！　どうしてできないの？
- □ ボールから目を離していないかな？
- □ 姿勢が高くなっていないかな？

コレで解決！　姿勢を低くしてボールをよく見る

　「ドッジボール」は、最後までボールに当たらないようにするゲームです。しかし、コートを走り回っているだけでは、すぐに当たってしまいます。ボールが当たらないようにするにはコツがあります。
　まず一番大切なのは、いつでもボールを見ていること。ボールから目を離すと、そのすきにぶつけられてしまいます。そして、すぐに動けるように姿勢を低くしたまま、ボールを投げようとする人から離れます。
　その動きを表したのが、「ボールを見ながらエビになって逃げてごらん」です。ちなみに、エビは腰を曲げたまま後ろに動きます。

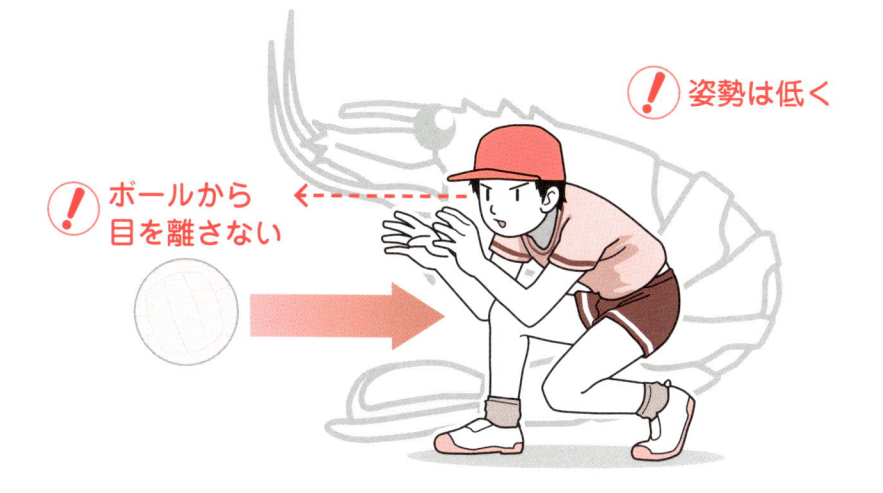

⚠ 姿勢は低く

⚠ ボールから目を離さない

ボール運動 サッカー（キック）

魔法の言葉 72 左足にボールをつけてから蹴ってごらん

「サッカー」で強いシュートを蹴るためには、軸足の位置が大切なポイントです。ちょっとしたコツを知るだけで、驚くほど上手にボールが蹴れるようになります。

ココを Check! どうしてできないの？

- □ 軸足がボールから離れていないかな？
- □ ボールから目を離していないかな？
- □ 足が正確にボールに当たっているかな？

コレで解決! ボールの真横に軸足を置く

　「サッカー」をすると、誰もが強いシュートにあこがれます。しかし、ボールを蹴るのは、ボールを投げる以上に難しいものなのです。そこで、驚くほど上手にボールが蹴れるコツを紹介します。

　まず、ボールを蹴るときに大切なのは、ボールを蹴ろうとするときの軸足の位置です。軸足とは、ボールを蹴る足とは反対の、踏み込む足のこと。この軸足が、ボールから遠すぎても近すぎてもいけません。ボールの真横に軸足がくるようにすると、ちょうどよいのです。

　右足でボールを蹴るときは、走り込んできた左足が軸足になるので、左足をボールの左側に置くようにします。この動きは「左足にボールをつけてから蹴ってごらん」という言葉でできるようになります。ボールの位置や軸足が安定し、蹴りやすくなります。

できないときは もうひとこと!! 左足とボールを同時に見ながら蹴ってごらん

　「左足とボールを同時に見ながら蹴ってごらん」という言葉も効果があります。ボールを蹴るときには、軸足をボールに近づけておくことが大切です。軸足をボールにつけるという動きがうまくできないときには、軸足とボールを同時に見るという表現に変えると同じ効果があります。

ボールを軸足にくっつける

! 軸足は
踏み込む足のこと

蹴る足

軸足

! 蹴るほうと
反対の足に
ボールをつける

COLUMN サッカーチームの練習風景

　スポーツ少年団のサッカーチームはたいへん盛んです。毎日サッカーの練習を続けると、驚くほど上達します。
　足の甲やヒザでボールを落とさないように蹴り続ける「リフティング」という技術があります。全国のトップレベルの小学生は、それを数千回以上、時間で表すと2時間以上もできるのです。スゴイですね。

ボール運動 サッカー（キック）

魔法の言葉 73　ヒザでボールをかくしながら蹴ってごらん

どうしてできないの？ ココをCheck!

- □ 蹴り足のヒザが曲がっているかな？
- □ 軸足のヒザが伸びていないかな？

コレで解決！ 蹴り足のヒザを曲げる

「サッカー」のボールを蹴る動きで、軸足の位置と同じくらい大切なのが、蹴り足のヒザをしっかりと曲げることです。

カカトがおしりにつくくらい、後ろに足を振り上げてから蹴りましょう。ボールに足が当たる瞬間は、自分のヒザでボールが見えないくらい、ヒザをぐんと前に乗り出すようにします。

正確にボールが蹴れたときは、軸足も蹴り足もヒザがしっかりと曲がっています。そのフォームをつくるための言葉が**「ヒザでボールをかくしながら蹴ってごらん」**です。強いキックは、正しいフォームから生まれるのです。

! 蹴り足のヒザを曲げる

! ヒザを前に乗り出す

ボール運動 サッカー（キック）

魔法の言葉 74
ガニマタになってカカトを出して蹴ってごらん

ココをCheck! どうしてできないの？
- □ 両足のヒザが伸びていないかな？
- □ ボールに対して垂直に足が当たっているかな？

コレで解決! ボールに対して垂直に足を当てる

　ボールの蹴り方にはいろいろありますが、ここではもっとも正確なパスができる「インサイドキック」を紹介します。

　正確なキックをするためには、正しく足にボールを当てること。土踏まずの部分をボールに対して垂直に当てるため、両ヒザを外に開いて、足をガニマタのようにする必要があります。さらにゴルフのパターのように、カカトを押し出し、カカトにボールを当てる感じで蹴ります。

　「ガニマタになってカカトを出して蹴ってごらん」という言葉で、スムーズに正しい姿勢が身について、ボールに足を当てることができるはずです。

- ❗ ボールに対して足を垂直に当てる
- ❗ ガニマタの姿勢を意識する
- ❗ ゴルフのパターのようにボールを蹴る

ボール運動 サッカー(ドリブル)

魔法の言葉 75 足をボールに くっつけて走ってごらん

どうしてできないの？

ココをCheck!
☐ ボールが足から離れていないかな？

コレで解決！ ボールを足にくっつける

「ドリブル」はサッカーにおいて、パスやシュートと同じくらい大切です。ボールを運ぶのが目的で、足で少しずつ蹴りながら進んでいきます。

ドリブルのときは、ボールといっしょに走っている状態になるので、少しでもボールが体から離れると、相手にボールを取られてしまいます。いつもボールが足もとにあるようなドリブルをするためには、**「足をボールにくっつけて走ってごらん」**という言葉が効果的です。

どれだけ速く、長い距離を走れるかも重要ですが、ボールが足についているように見えるドリブルが、よいドリブルと言えるのです。

! 足をボールに くっつけて走る

! 足で少しずつ 蹴りながら進む

! いつも足元に ボールがあるように

ボール運動 サッカー（ストッピング）

魔法の言葉 76 体を布団にして止めてごらん

ココをCheck!　どうしてできないの？
- □ 飛んできたボールをはじいていないかな？
- □ ボールから目を離していないかな？

コレで解決！　ボールの勢いを吸収して止める

　「サッカー」のゲーム中、飛んできたボールを体で止めなくてはならないことがよくあります。地面を転がってきたボールを足で止めるのと違い、空中にあるボールに体を当てると、ボールがはずんで相手に取られてしまいます。ボールの勢いを吸収し、足元にぽとりとボールを落とすのが、最高のストッピングと言えます。

　干してある布団にボールをぶつけても跳ね返ってきません。このように「体を布団にして止めてごらん」という言葉で、体を柔らかく使うイメージができると、上手にボールの勢いを吸収して止めることができます。

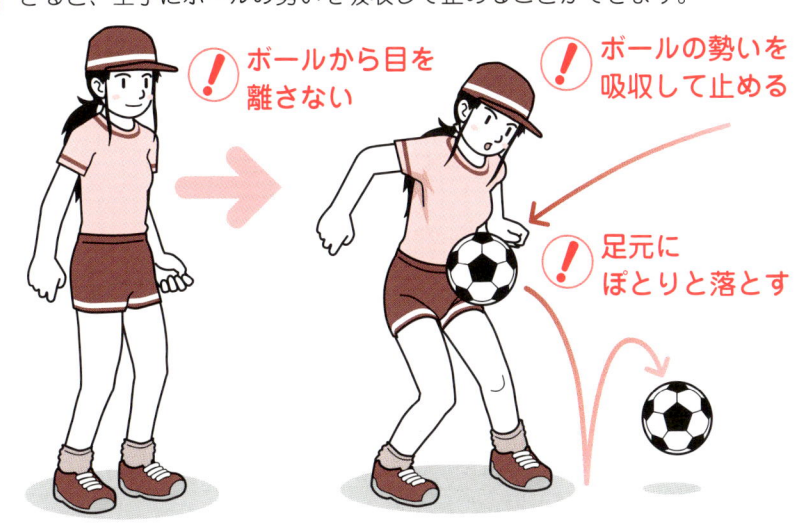

⚠ ボールから目を離さない
⚠ ボールの勢いを吸収して止める
⚠ 足元にぽとりと落とす

ボール運動 ソフトボール(投げ方)

魔法の言葉 77

遠くの空に向かって投げてごらん

ソフトボール投げで遠くにボールを投げられない子には、共通点があります。それは、投げたときのボールの角度。空に向かって投げることがポイントです。

どうしてできないの？

ココをCheck!
- □ ボールを水平に投げていないかな？
- □ 重心移動をしないで投げていないかな？
- □ 腕の振りだけで投げていないかな？

コレで解決！ 45度の角度で投げる

　近年、体力テストのソフトボール投げの記録がどんどん低くなっていると言われています。その原因は様々ですが、ボールに触れ、投げる機会がほとんどないことが、影響を及ぼしていると考えられます。

　遠くにボールを投げるためには、助走や重心の移動も必要ですが、ボールを投げる角度も大切です。遠くにボールが投げられない子の多くが、まっすぐ前に向かって、ボールを投げようとしているのです。

　ボールは45度の角度で投げると、より遠くまで飛ぶようになります。それは、想像しているよりも、かなり上の方向です。うまく投げられない子には、**「遠くの空に向かって投げてごらん」**と言ってあげるとよいでしょう。前に向かって投げなくなるので、投げる方向がぐんとよくなり、遠くに投げられるようになります。

できないときはもうひとこと!! ○○○まで届くようにボールを投げてごらん

　「○○○まで届くようにボールを投げてごらん」という言葉で、具体的な目標を与えてあげるのもよいでしょう。目標のものや場所が近くに見えていると、その方向に向かって低く投げてしまうので、遠くて見えにくい場所を目標にして、上の方向へ向けて遠くへ投げるようにします。

45度の角度で空へ向かって投げる

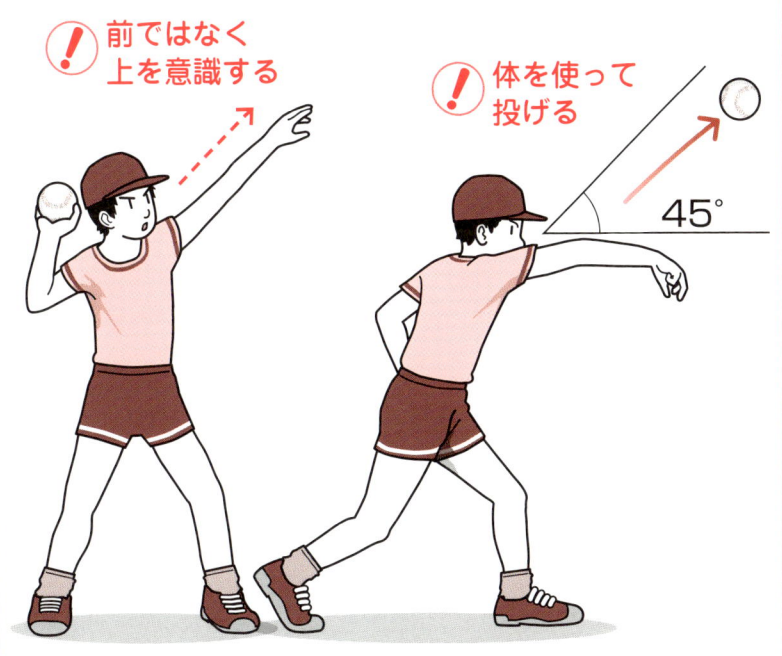

前ではなく上を意識する

体を使って投げる

45°

ボールを投げる角度を意識する

📖 COLUMN サイドステップで距離を伸ばす

　ボールを遠くに投げるときや強く投げたいときには助走が必要です。投げる動作は、体重の移動によってより大きな効果が生まれるからです。横向きになって、サイドステップをしてから投げるようにします。

　新体力テストのソフトボール投げでは、直径2mの円から出ないようにしなくてはなりません。2mの距離でうまく助走しましょう。

ボール運動 ソフトボール（投げ方）

魔法の言葉 78 横に走ってから投げてごらん

どうしてできないの？ ココをCheck!
- □ 最初から投げる方向におヘソを向けていないかな？
- □ 山なりのふわりとしたボールを投げていないかな？

コレで解決! 投げる方向に対して横向きになる

「野球」や「ソフトボール」の試合で、とったボールを1塁に投げるときに、スピードのある、速いボールを投げられない子がいます。どうしても、山なりのふわりとしたボールになってしまうのです。

まずは、投げる方向に対して横向きになることからはじめます。投げる方向に正対してはいけません。横向きになったら、その状態からサイドステップして投げるのが理想的です。

最初から投げる方向へおヘソを向けて、ボールを投げている子には、「**横に走ってから投げてごらん**」という言葉をかけてあげます。

! まずは横向き

! サイドステップして投げる

126

ボール運動 ソフトボール（キャッチ）

魔法の言葉 79
グローブのすきまから ボールを見てとってごらん

どうしてできないの？

ココをCheck!
☐ グローブの使い方を間違っていないかな？

コレで解決！ ボールを顔の前で受ける

　小学校の体育でも「ソフトボール」はしますが、自分のグローブを持っているのは、野球チームに入っている男の子しかいません。

　体育の授業で初めてグローブをはめる子も、最近では珍しくありません。利き手とは逆の手にグローブをはめることすら知りませんから、その使い方を間違えていることが多々あります。基本的なこととはいえ、顔の前でボールをとるのも、慣れるまでにかなり時間がかかります。

　そんなときは、「**グローブのすきまからボールを見てとってごらん**」という言葉が効果的です。顔の正面にグローブを持ってくることができ、最後までボールから目をそらさず、上手にとれるようになります。

⚠ 顔の正面にグローブをかまえる

⚠ グローブのすきまからボールを見る

⚠ 利き手とは逆の手にグローブをはめる

127

ボール運動　ソフトボール（バッティング）

魔法の言葉 80　ボールの前にバットを横向きに置いてごらん

ボールをよく見ないで、力まかせにバットを振ってもボールは当たりません。まずは、バットの握り方から覚え、ボールに当てることからはじめましょう。

ココをCheck!　どうしてできないの？

- ピッチャーにおヘソを向けていないかな？
- バットの握り方が間違っていないかな？
- 力まかせにバットを振っていないかな？

コレで解決！　ボールを「打つ」のではなく「当てる」

　「野球」や「ソフトボール」の魅力の一つに、バットでボールを思いきり打てたときの喜びがあります。しかし、最近はテレビゲームで遊ぶ子が多く、実戦でのベースボールゲームをしたことがない子が増えています。そのような子どもにとってバッティングは難しいものです。まずは、バットにボールを当てる感覚を身につけます。

　基本的なことですが、バッターボックスに入ったら、ピッチャーに対して横向きに立ちます。中にはおヘソをピッチャーに向けて立つ子がいるのですが、これでは、ボールを打つことはできません。

　「ボールの前にバットを横向きに置いてごらん」という言葉で、バットがボールに当たりやすくなります。ボールをよく見て、「打つ」のではなく「当てる」ことを心がけてください。

できないときはもうひとこと!!　バットを短く持ってごらん

　バットの持ち方も大切です。右打ちのときは、右手を上にして、握ったこぶしをつけます。最初のうちは、「バットを短く持ってごらん」と言葉をかけ、バットの下端から１０～２０cm離れたところを持たせます。

　そうすると、バットが軽く感じられ、振りやすくなるでしょう。

バットをボールに「当てる」

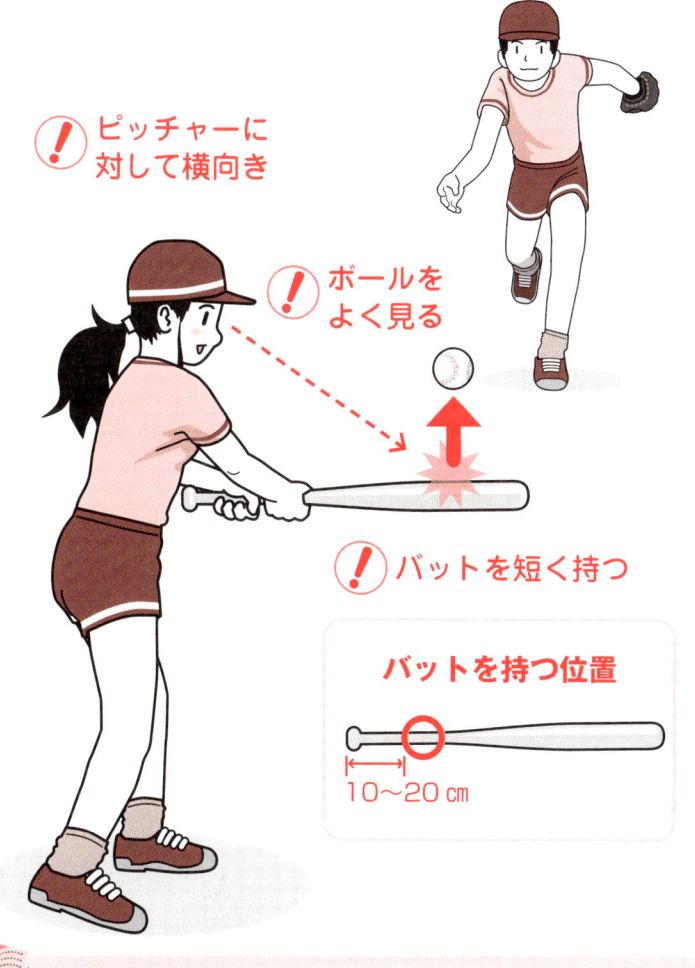

⚠️ ピッチャーに対して横向き

⚠️ ボールをよく見る

⚠️ バットを短く持つ

バットを持つ位置
10〜20cm

📖 バントで空振りを阻止

　ホームランを打ちたいと思って、バットを思いっきり振れば振るほど空振りしてしまいます。力が入りすぎてまっすぐバットが振れていないことと、ボールから目が離れてしまうことが原因です。

　ボールを見てバットを当てるだけの「バント」なら空振りはほとんどありません。その感覚でバットを振るようにすればよいのです。

ボール運動　バスケットボール（ドリブル）

魔法の言葉 81　ボールの上でピアノをひいてごらん

「バスケットボール」のドリブルはとても大切な技術です。ドリブルができないと、パスやシュートにもつながりません。基礎をしっかりと身につけてください。

どうしてできないの？

ココをCheck!
- □手のひらにボールを当てていないかな？
- □ボールが手で滑っていないかな？

コレで解決！ 指先にボールを当てる

　「バスケットボール」のドリブルで大切なのは、体全体を使うことです。腕だけでボールを床についても、うまくはできません。足のバネを使って体全体でリズムをとることが重要です。

　ドリブルをする手は、ボールを手のひらに当てるのではなく、5本の指先ではじくようにするのがコツです。それはピアノをひくような感じです。「ボールの上でピアノをひいてごらん」という言葉で、手のひらではなく、指先にボールを当てるようになり、安定したドリブルができるようになります。

　「バスケットボール」のゲーム中はドリブルをする場面が何度もあるので、相手チームのディフェンスをかわしたり、ドリブルしながら速く走ったりできると、すばらしい活躍ができます。

できないときはもうひとこと!! 5本の指先だけでドリブルをしてごらん

　できない子には、「5本の指先だけでドリブルをしてごらん」と言ってあげます。どうしても手のひらをボールに当ててドリブルをしている子には、このように直接的に言います。それができるようになったら、「ボールの上でピアノをひいてごらん」と言えば、さらに動きがよくなります。

ピアノを弾くようにボールをはじく

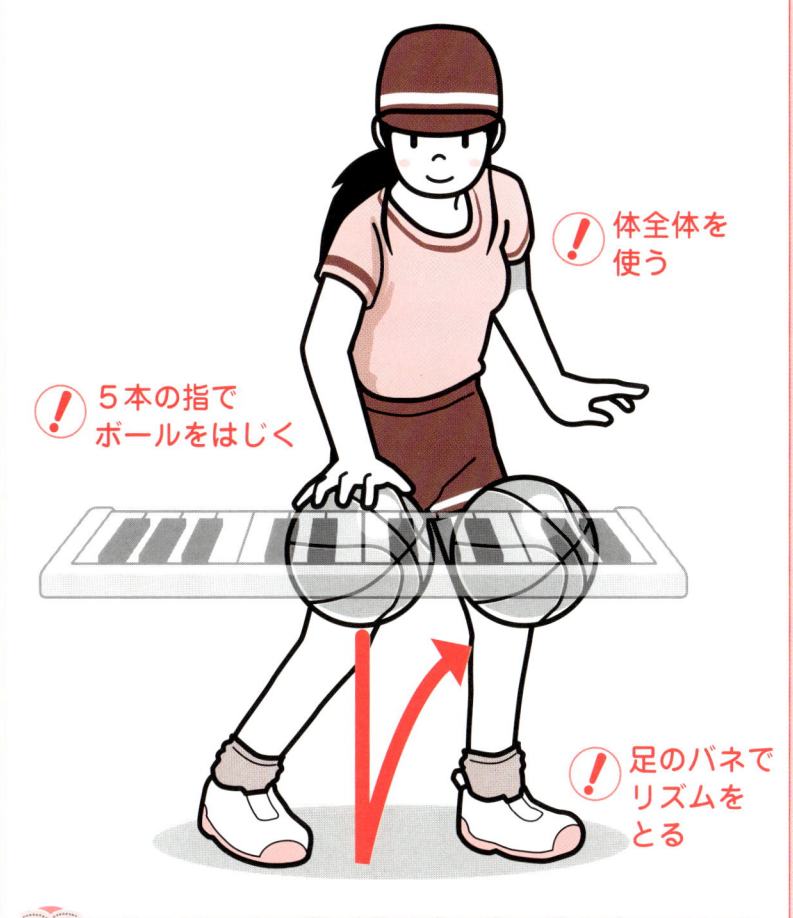

⚠ 体全体を使う

⚠ 5本の指でボールをはじく

⚠ 足のバネでリズムをとる

📖 バスケットボールを楽しむために

「バスケットボール」はむずかしいルールが多いスポーツですが、小学校で運動として楽しむために、細かなルールは使いません。

また、ドリブルやパス、シュートの他にも、ピボットやブロックなどのさまざまなプレー技術があり、ゲームの中ではそれらを使いこなさないと、思い通りのプレーができません。少しずつ技術を身につけていき、ゲームを楽しめるようになりましょう。

ボール運動 バスケットボール（パス）

魔法の言葉 82 三角おむすびを前に押し出してごらん

どうしてできないの？

ココをCheck!
☐ ボールを横から持っていないかな？

コレで解決！ 両手の親指と人さし指で三角形をつくる

「バスケットボール」で味方にパスをするときは、「チェストパス」がよく使われます。自分の胸から相手の胸をめがけてボールを投げる技術です。

チェストパスはボールの持ち方にコツがあります。両手の親指と人さし指で三角形をつくって、10本の指全体でボールをつかみます。そのまま、ボールを自分の胸から前へ押し出します。「三角おむすびを前に押し出してごらん」という言葉で、この動きが正確にできるようになるでしょう。

ボールを横からおさえて持つ子がいますが、この持ち方は相手からボールを守るときの持ち方です。素早いパスを出したいときは、ボールを胸の前にかまえておきます。

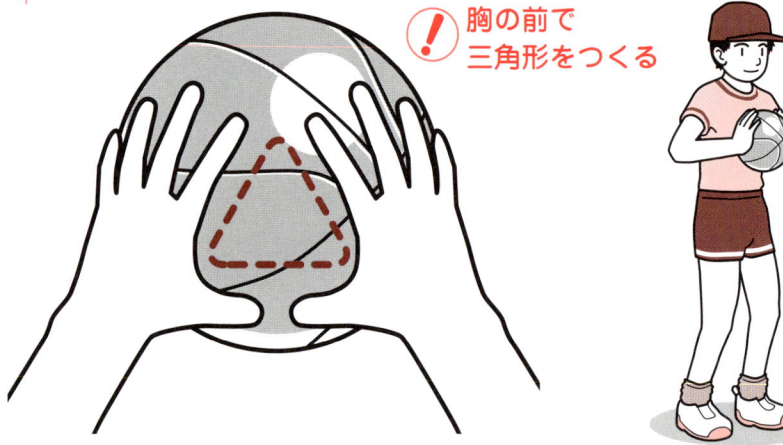

⚠ 胸の前で三角形をつくる

ボール運動 バスケットボール（ドリブル）

魔法の言葉 83
これから走るところにボールをついてごらん

どうしてできないの？

ココをCheck!
□ ボールを真下についていないかな？

コレで解決！ 走る速さに合わせて前方にボールをつく

「バスケットボール」のランニングドリブルは、自分が走るスピードに合わせて、前方へボールをつかなければいけません。真下についてしまうと、ボールが床から跳ね返ってきたときには、すでに自分のほうが先に進んでいるからです。そうすると、思い切って走ることができなくなってしまいます。

床から跳ね返ったボールがちょうど自分の手のひらに戻ってくるように、前へ前へとボールをつくのが、ランニングドリブルのポイントです。

「これから走るところにボールをついてごらん」 という言葉で、前方へボールをつく意識が持てるので、ドリブルしながら速く走れるようになります。

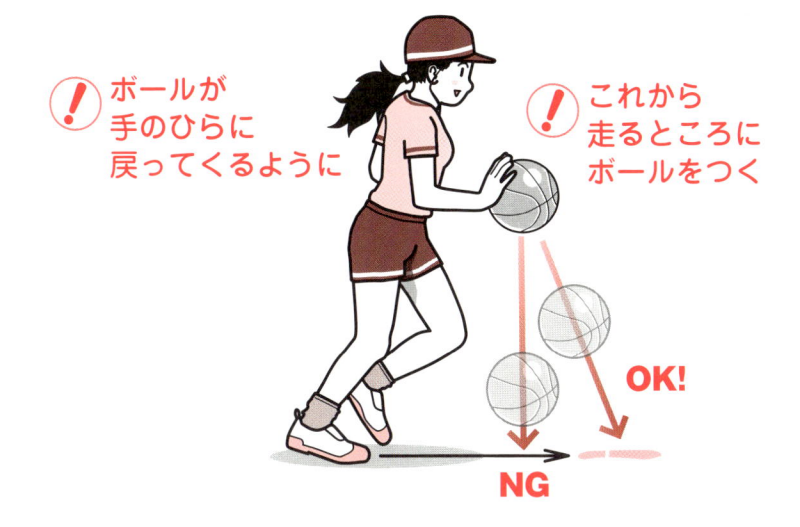

⚠ ボールが手のひらに戻ってくるように

⚠ これから走るところにボールをつく

NG　OK!

ボール運動 バスケットボール（シュート）

魔法の言葉 84 黒枠の上の角をねらってごらん

「バスケットボール」のシュートは、バックボードの跳ね返りを使うとよく入ります。少しのコツを覚えれば、たくさんゴールを決めることができるようになります。

どうしてできないの？

ココを Check!
- □ ゴールの正面からシュートをしていないかな？
- □ 直接リングにボールを入れようとしていないかな？

コレで解決！ 45度の角度からゴールをねらう

　「バスケットボール」で一番うれしいのは、ゴールが決まった瞬間です。ゲーム中にフリーでシュートが打てるチャンスがあれば、確実にゴールを決めたいものです。しかし、シュートをうまく打てない子の多くが、ゴールの正面からボールを投げ入れようとしています。実はゴールの正面からのシュートは、失敗も多いのです。

　もっとも確実に決められるシュートの位置は、バックボードに対して45度の角度です。距離はなるべく近いほうがよいでしょう。

　ねらうのはリングではなく、バックボードに描かれた、黒い長方形の上の角。**「黒枠の上の角をねらってごらん」**という言葉をかけてあげます。直接リングにシュートするよりも、バックボードの跳ね返りを利用したシュートのほうが、成功率はぐんと上がります。

できないときはもうひとこと!! 四角形の中にボールを当ててごらん

　枠の角をねらえるほどのコントロールがないときには、「四角形の中にボールを当ててごらん」という言葉が有効でしょう。まず枠の中に当てることを目標にさせるようにします。これだけでも、シュートが入る確率はぐんと高まります。そのあと、枠の角に当てさせるようにします。

バックボードを使ってシュート

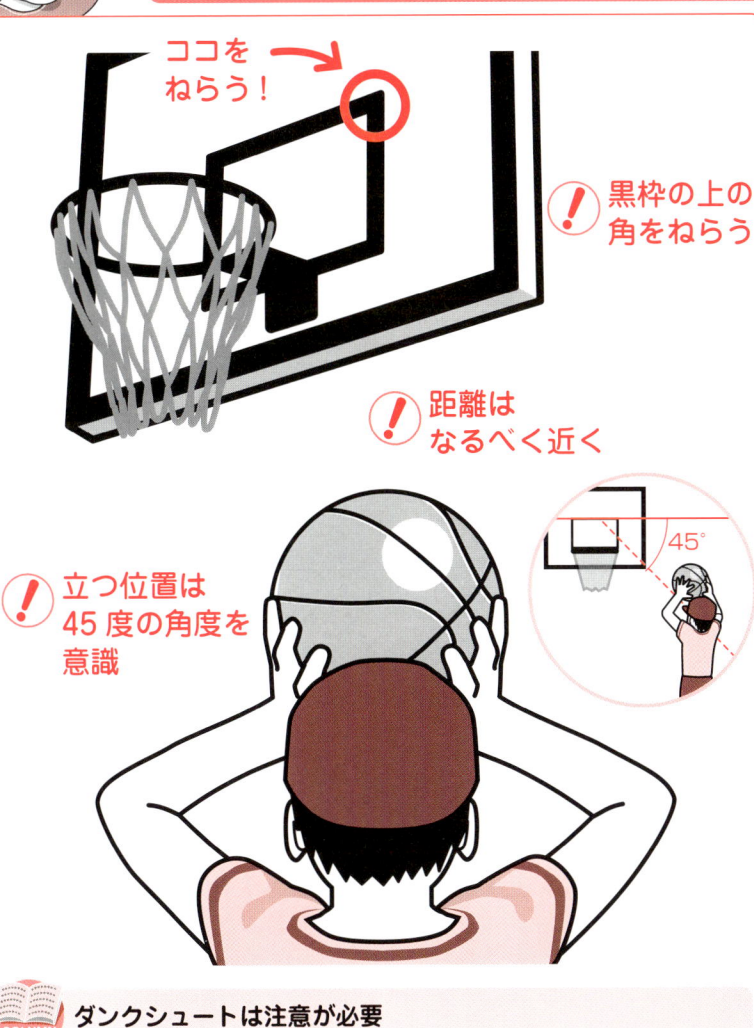

ココをねらう！

⚠ 黒枠の上の角をねらう

⚠ 距離はなるべく近く

⚠ 立つ位置は45度の角度を意識

45°

COLUMN ダンクシュートは注意が必要

バスケットボールのダンクシュートを決めるプロの選手の活躍は子どもたちのあこがれです。6年生にもなると背が高くなり、小学校のバスケットリングなら手が届く子も何人かいます。そのような子がダンクシュートのマネをして、リングにぶら下がったために、リングがはずれて大ケガをした事故が増えているので注意が必要です。

ボール運動 バスケットボール（シュート）

魔法の言葉 85　おでこに片手をつけてから押し出してごらん

どうしてできないの？ ココをCheck!

- □ 両手でボールを持っていないかな？
- □ シュートが間違った方向へ飛んでいないかな？

コレで解決！　ワンハンドシュートでゴールを決める

　シュートの方法はいくつかありますが、慣れるまでは、チェストパスのように両手でボールを持つようにします。しかし、両手でのシュートは左右の力を同じにしないと、コントロールが定まらないという欠点があるので、慣れてきたら片手でのシュートを練習します。片手でボールを持つワンハンドシュートができるようになれば、自分の思ったところに投げることができます。

　右利きの場合は、右の手のひらにボールを乗せて、顔の前から押し出すようにします。左手はボールに軽く触れておくだけ。**「おでこに片手をつけてから押し出してごらん」**の言葉で、より正確なワンハンドシュートができるようになります。手首は、「おいで、おいで」の動きで行います。

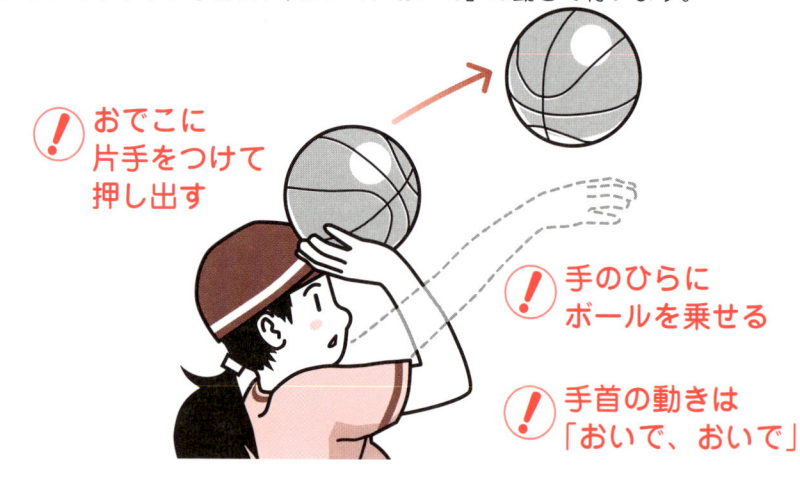

! おでこに片手をつけて押し出す

! 手のひらにボールを乗せる

! 手首の動きは「おいで、おいで」

ボール運動 バスケットボール（シュート）

魔法の言葉 86
ゴールの上にボールを やさしく乗せてごらん

ココをCheck! どうしてできないの？
- □ 肩に力が入っていないかな？
- □ 乱暴にシュートを打っていないかな？

コレで解決！ リラックスしてリングを狙う

「バスケットボール」のランニングシュートは、基本のシュートプレー。走り込んでシュートを決めると、本当に気持ちがよいものです。

しかし、リングは高いところにあるので、乱暴にボールを投げると、リングやボードにはじかれてしまいます。リラックスしながら、冷静にリングを狙うことが大切です。どうしても力が入ってしまう子には、**「ゴールの上にボールをやさしく乗せてごらん」**という言葉をかけてあげてください。

リングに入れることを考えすぎず、リングにある大きなお皿の上にスイカを乗せるイメージでシュートすると成功しやすいのです。

- ❗ ゴールの上にボールをやさしく乗せる
- ❗ リングに近いところで手を離す
- ❗ 力を抜いて冷静に

ボール運動 バレーボール（レシーブ）

魔法の言葉 87 両腕に乗せた板を持ち上げてごらん

「バレーボール」のアンダーハンドレシーブは、相手にパスをするための基本的なプレー。繰り返し練習して、ボールに慣れておくことが大事です。

どうしてできないの？

ココを Check!
- □組んだ両腕を振り上げていないかな？
- □ボールをはじいていないかな？

コレで解決！ 手を組みながら腕を前に伸ばす

近年、体育の授業に「バレーボール」を取り入れる小学校が増えてきました。子どもにとっては経験の少ないスポーツで、なかでも、基本となるアンダーハンドレシーブがうまくできません。

もっとも多い失敗は、ボールが当たる瞬間に腕を大きく振ってしまうことです。すると、ボールはいろいろな方向へ飛んでしまいます。

アンダーハンドレシーブは、足を前後に開き、腰を落としてかまえるのが基本姿勢です。ボールが近づいてきたら、手を組みながら腕をしっかりと前に伸ばします。

「両腕に乗せた板を持ち上げてごらん」という言葉で、腕を板のようにして、そこにボールを乗せて持ち上げるイメージでレシーブをすると、腕を大きく振り上げる失敗をしなくなります。

できないときはもうひとこと!! 伸ばした両腕にボールを当ててごらん

「伸ばした両腕にボールを当ててごらん」という言葉も効果があります。もっともよくないのが、腕を振ってボールを受けることです。ボールがはじかれて、おかしな方向に飛んでしまいます。角度を考えて、伸ばした腕にボールを当てるだけで、勢いのなくなったボールが上に上がるようになります。

腕を伸ばして持ち上げる

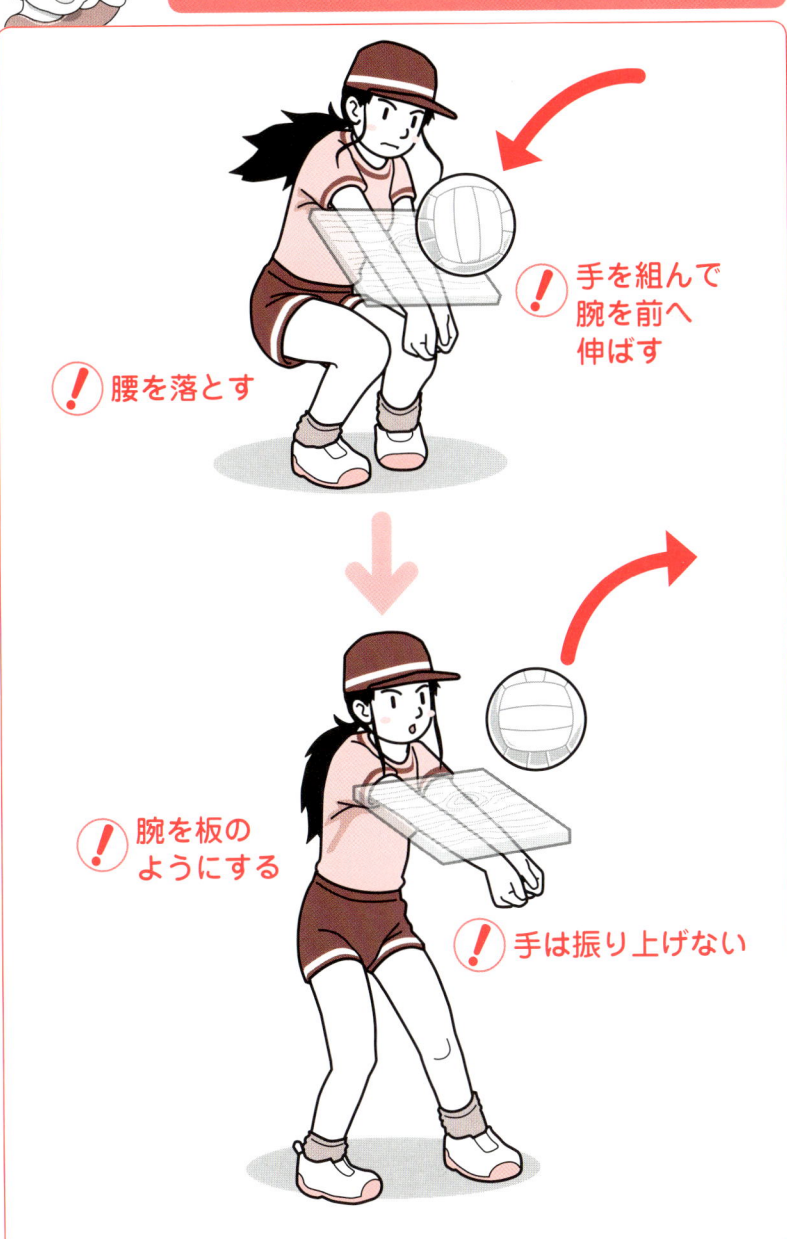

- ⚠️ 手を組んで腕を前へ伸ばす
- ⚠️ 腰を落とす
- ⚠️ 腕を板のようにする
- ⚠️ 手は振り上げない

ボール運動 バレーボール（パス）

魔法の言葉 88
三角おむすびの中からボールを見てごらん

ココをCheck!　どうしてできないの？
- □ 胸の前で手をかまえていないかな？
- □ ボールの真下に入っているかな？

コレで解決!　指で三角形をつくり、手を軽く丸める

「バレーボール」のオーバーハンドパスは、柔らかいボールを使うと簡単にできそうですが、固いボールでパス練習するとその難しさがわかります。

まず、ボールが落ちる真下にすばやく入って、顔の前で両手をかまえます。「三角おむすびの中からボールを見てごらん」という言葉をかけて、正しくかまえることが大切です。両手の親指と人さし指で三角形をつくり、手をおわんのように軽く丸めます。10本の指が同時にボールに触れるようにし、手首のスナップを使って指でボールをはじいて上げると、きれいなフォームでパスができます。

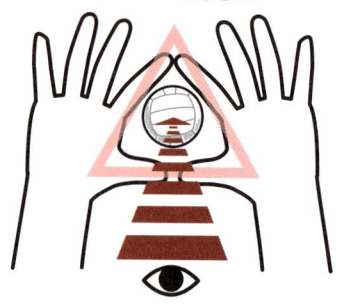

⚠ 顔の前で両手をかまえる

⚠ 三角おむすびの中からボールを見る

140

第7章 その他の運動

項目		難易度
P142	一重跳び(前回し跳び)	★☆☆
P144	交差跳び	★★☆
P146	二重跳び①	★★★
P148	二重跳び②	★★★
P150	大なわとび	★☆☆
P152	フラフープ	★★☆
P153	竹馬	★★☆
P154	平均台	★☆☆
P155	登り棒	★★☆
P156	スキップ	★☆☆
P157	一輪車	★★★
P158	フライングディスク	★☆☆

その他の運動 一重跳び（前回し跳び）

魔法の言葉 89
連続ジャンプしながら前に進んでごらん

「なわとび」が上達するためには、トビナワの長さを確認することが大事です。自分に適したトビナワを使い、連続ジャンプからはじめます。

ココをCheck! どうしてできないの？
- □肩から大きく回していないかな？
- □ロープを1回転させるのに時間がかかっていないかな？
- □ロープがたるんでいないかな？

コレで解決！ 1回旋2跳躍からはじめる

　「なわとび」の練習をするとき、はじめにトビナワの長さを確認します。トビナワの中央を片足で踏んだときに、ロープの先が肩よりも高くならないようにしてください。中学年以上なら、胸の高さがベストです。上達するにつれて腰の高さに近づきます。

　なわとびの最初は1回旋2跳躍（トビナワを1回回すあいだにジャンプを2回する）が基本です。これが、低学年になって、跳ぶことに慣れてくると、1回旋1跳躍に変わっていきます。

　跳ぶことに慣れていない子にとって、その場でのジャンプはかなり難しいものです。そのような子には、「連続ジャンプしながら前に進んでごらん」という言葉をかけてください。両足で前にジャンプしながらトビナワを回すと、上手にできるようになります。

できないときはもうひとこと!! カカトを浮かせてつま先で跳んでごらん

　「カカトを浮かせてつま先で跳んでごらん」という言葉も効果があります。連続で跳べない子は、足の裏全体を地面につけて跳び上がってしまっています。最初は、トビナワを持たず、つま先で軽くジャンプします。子どもの両手をおとなの人が持って、いっしょに跳んであげてもよいでしょう。

跳びながら前に進む

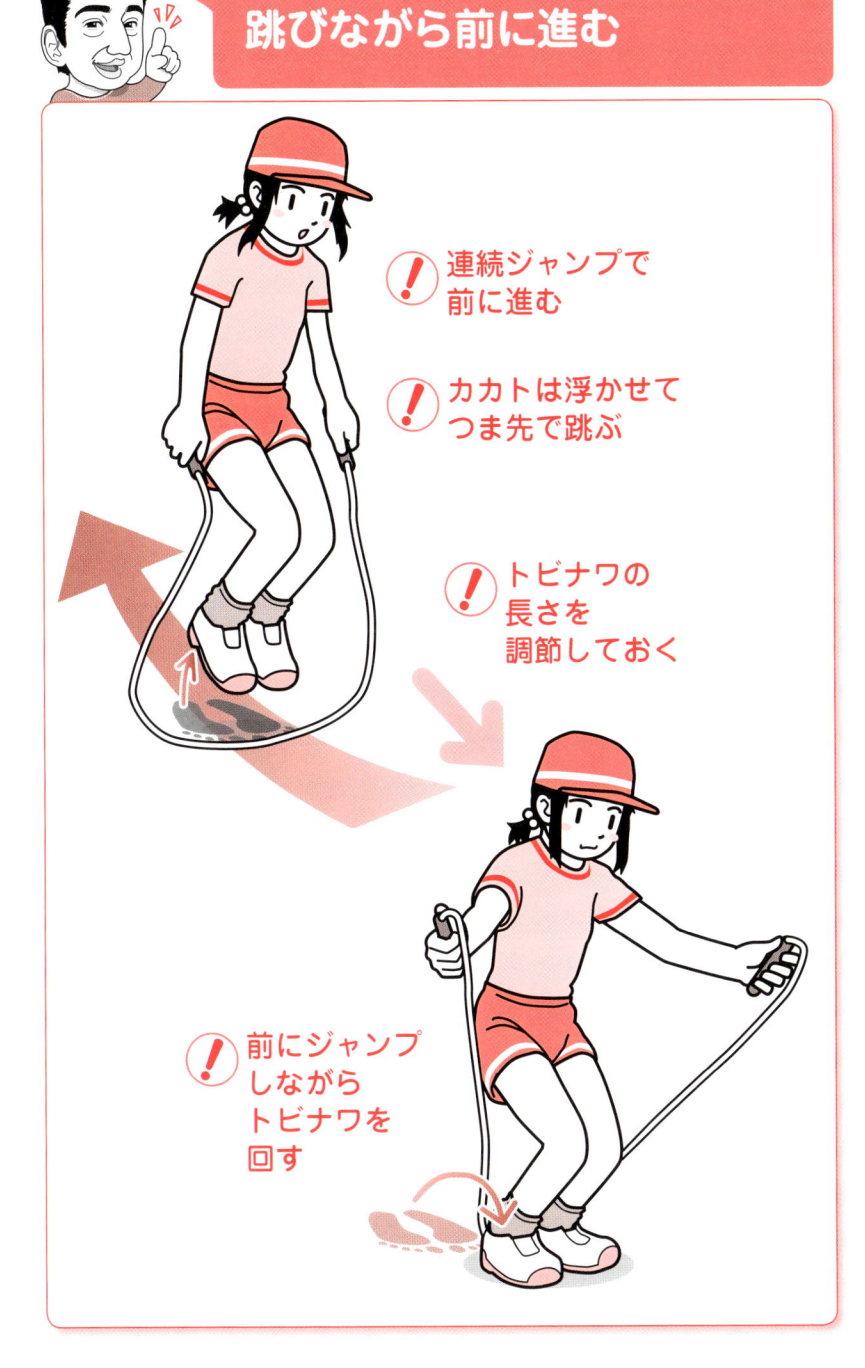

- 連続ジャンプで前に進む
- カカトは浮かせてつま先で跳ぶ
- トビナワの長さを調節しておく
- 前にジャンプしながらトビナワを回す

その他の運動 交差跳び

魔法の言葉 90
おヘソの前で開いたり閉じたりしてごらん

1回旋1跳躍の普通の跳び方ができるようになると、次は「交差跳び」です。さらに「あや跳び」とステップアップしていきましょう。

ココをCheck! どうしてできないの？
- □ 腕を大きく振っていないかな？
- □ ロープが大きくねじれていないかな？
- □ 交差したグリップが体の外に出ているかな？

コレで解決！ おヘソの前でトビナワを交差する

　前回し跳びが20回くらい連続でできるようになったら、次に「交差跳び」、さらに「あや跳び」と挑戦していきます。

　腕を交差する跳び方をするためには、長さが20㎝ほどのロンググリップ（長い柄）のトビナワを使うのがベストです。左右の手首を近づけるだけで、簡単に両腕が交差できます。

　ロンググリップを用意できない場合は、グリップのなるべく先のほうを持つようにします。また、グリップにそって人さし指をそえると、トビナワを回しやすくなります。

　「おヘソの前で開いたり閉じたりしてごらん」という言葉で腕の無駄な動きがなくなり、最小限の手首の曲げ伸ばしだけで、交差跳び、そしてあや跳びができるようになります。

できないときはもうひとこと!! 右左の手首をタッチして跳んでごらん

　「右左の手首をタッチして跳んでごらん」という言葉で、リズムよくあや跳びができます。ロンググリップのトビナワを使っているときは、両方の手首のあたりで交差します。ヒジの近くで交差したり、必要以上に深く交差をすると、リズムがくずれてしまい、跳べなくなってしまうのです。

おヘソの前で手首を交差する

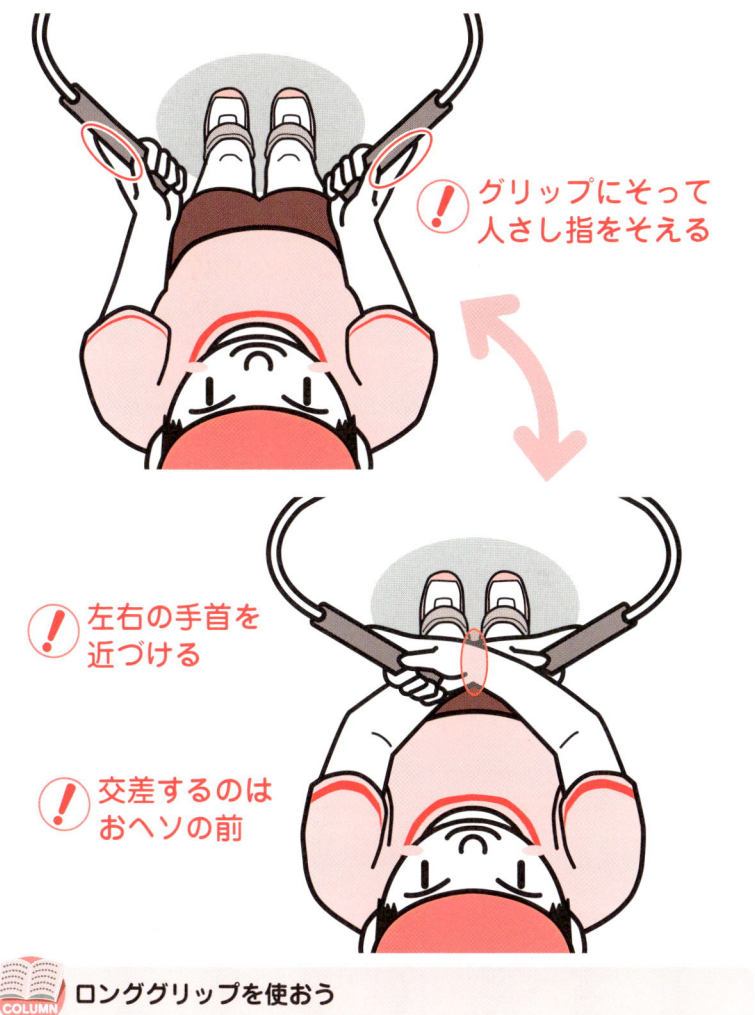

! グリップにそって人さし指をそえる

! 左右の手首を近づける

! 交差するのはおヘソの前

📖 COLUMN　ロンググリップを使おう

ロンググリップのトビナワは全国的に大人気です。二重跳びや交差跳びがやりやすく、疲れにくいからです。価格は７００〜８００円と高めですが、大切に使えば小学校の６年間はもちろん何年間でも使えます。
　１５０円前後のトビナワを１シーズンごとに買いかえるよりも、ロンググリップのトビナワを用意することをおすすめします。

その他の運動　二重跳び①

魔法の言葉 91　一重跳びを30秒間で70回以上跳んでごらん

「二重跳び」が上手にできるようになるには、一重跳びを確実にマスターすることです。トビナワを回す速さが目安になります。

どうしてできないの？

ココをCheck!
- □ 綿のトビナワを使っていないかな？
- □ 短いグリップのトビナワを使っていないかな？

コレで解決！　なるべく速くトビナワを回す

　「二重跳び」ができるようになるには、一重跳びを30秒間に70回連続で跳ぶことが条件の1つです。つまり、姿勢を変えることなく、ロープを速く回さなければいけません。

　一重跳びが100回連続でできれば、二重跳びができるようになります。二重跳びが100回連続でできれば、三重跳びもできるようになります。しかし、一重跳びはゆっくり回す跳び方ではだめなのです。速いロープの回転が大切なのです。

　その目安になるのが、「**一重跳びを30秒間で70回以上跳んでごらん**」という言葉です。二重跳びができる子どもたちを調べると、どの子もこれをクリアしていました。毎日少しずつ練習すれば、必ずクリアできるようになります。正しい姿勢にも注意してやってみましょう。

できないときはもうひとこと!!　一重跳びで100回以上連続で跳んでごらん

　「一重跳びで100回以上連続で跳んでごらん」という言葉も効果があります。30秒で70回以上跳ぶためには、連続で100回以上跳べることが必要になります。できれば、連続200回は跳べることを目指します。200回連続で跳べれば、二重跳びはすぐできるようになるはずです。

速く回すことが二重跳びの秘訣

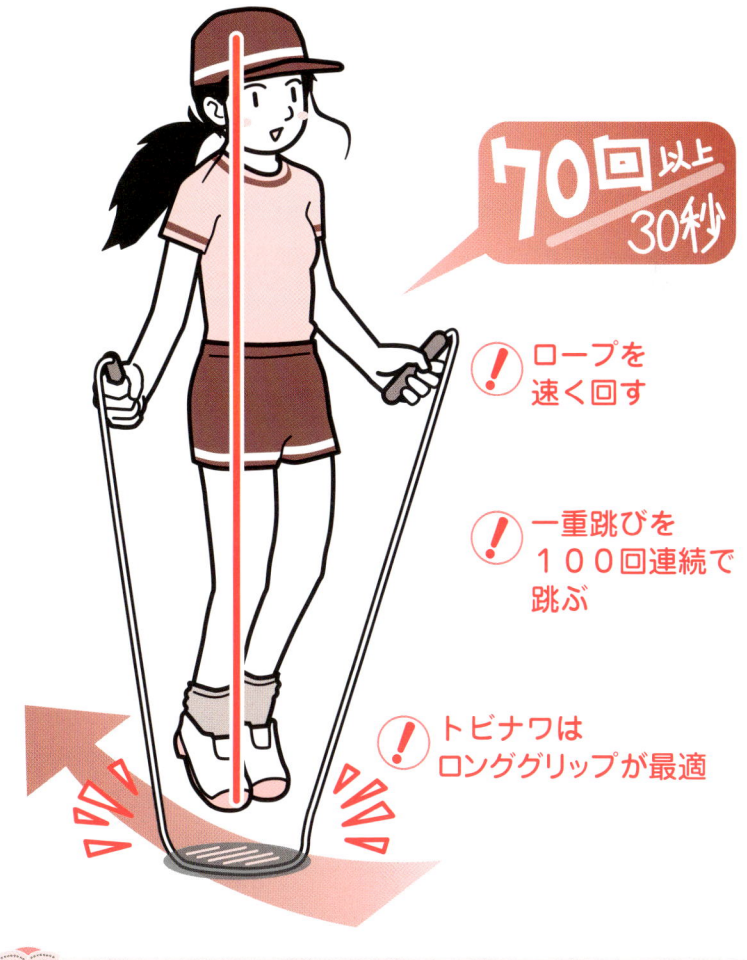

70回以上 30秒

- ❗ ロープを速く回す
- ❗ 一重跳びを100回連続で跳ぶ
- ❗ トビナワはロンググリップが最適

COLUMN 二重跳びの姿勢は「まっすぐ」が基本

　二重跳びを跳んでいる子の姿勢を見ると様々です。

　ヒザを曲げて跳ぶ子、腰を曲げて「く」の字で跳ぶ子、足を前後に開いて跳ぶ子など、いろいろな姿勢がありますが、すべて間違いです。このような跳び方では長く跳び続けることができません。

　体をまっすぐにした、一重跳びと同じ姿勢で跳ぶことが大切です。

その他の運動　二重跳び②

魔法の言葉 92　ビュビュンという音を出してごらん

「二重跳び」が連続でできない原因は、まちがった姿勢と不規則なリズムです。自分が出す音を聞いてリズムをとれば、すぐに続けて跳べるようになります。

ココを Check! どうしてできないの？

- □跳ぶ姿勢が悪くないかな？
- □体を「く」の字にしていないかな？
- □不規則なリズムになっていないかな？

コレで解決!　姿勢を正してリズムに合わせる

「二重跳び」が連続して跳べない子には、2つの特徴があります。

まず第一に、跳ぶ姿勢が悪いこと。体を「く」の字にしたり、ヒザを曲げたり、足を前後にずらしています。二重跳びの姿勢は、一重跳びとまったく同じでなければいけません。二重跳びと一重跳びの違いは、跳躍が少し高く、ロープの回転が速いだけなのです。

もう1つの原因は、トビナワを回すリズムが一定になっていないことです。二重跳びが長く続けられているときのトビナワの音は、「ビュビュン、ビュビュン」と、リズミカルに聞こえます。これは、手首を上下に2回ずつ振っているためです。

「ビュビュンという音を出してごらん」という言葉で、自分が出す音を確かめながら跳ぶようにすると、上達が早くなります。

できないときはもうひとこと!!　ジャンプして手を連続で2回たたいてごらん

「ジャンプして手を連続で2回たたいてごらん」という言葉でも、二重跳びのリズムをつかむことができます。手に何も持たないで、空中で2回拍手をさせるのです。この練習を行って、トビナワを回すタイミングやリズムをつかんでから、実際にトビナワを持って挑戦させるとよいでしょう。

手首を2回ずつ振って音を出す

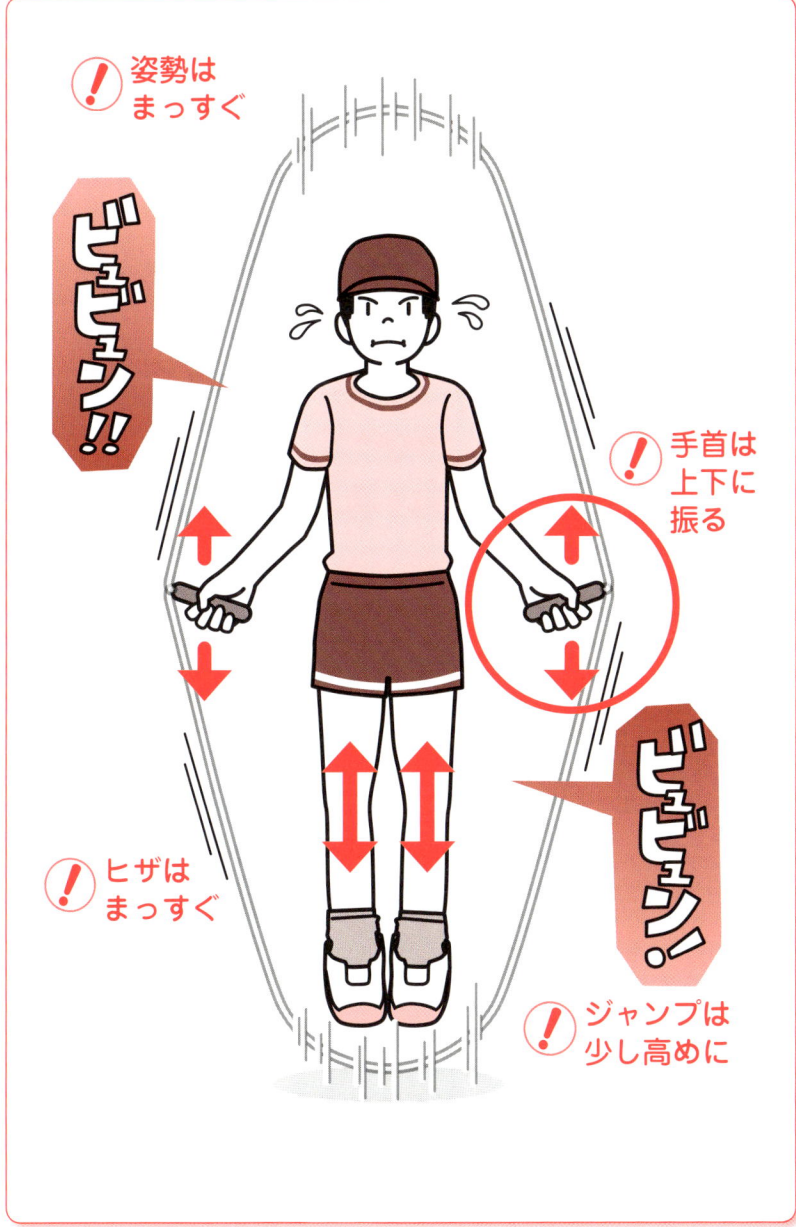

- ⚠ 姿勢はまっすぐ
- ⚠ 手首は上下に振る
- ⚠ ヒザはまっすぐ
- ⚠ ジャンプは少し高めに

ビュビュン!!
ビュビュン!

その他の運動 大なわとび

魔法の言葉 93 おりてきたロープにくっついて入ってごらん

「大なわとび」で難しいのは、入るタイミングです。それさえ見極めることができれば、記録をぐんと伸ばすことができます。

ココをCheck! どうしてできないの？
- □ロープが地面に当たったあとに入っていないかな？
- □回転してきたロープに当たっていないかな？
- □ロープの動きをよく見ているかな？

コレで解決! ロープを追いかけるように入る

　「大なわとび」または「長なわとび」という運動は、遊びでも体育でも必ず行われます。学校全体で「大なわ大会」を開き、学級ごとに跳ぶ回数を競うこともあります。１人ずつ大なわに入って１回跳んで出るということを、３分間で何回できるかを記録します。１年生でも１００回近く、６年生だと３００回近い記録が出ます。

　大なわとびで難しいのは、ロープに入るタイミングだけです。ロープは上から下へ、目の前を過ぎるように回転します。ロープが目の前をおりた瞬間が、入るのにもっともベストなタイミングです。**「おりてきたロープにくっついて入ってごらん」**という言葉で、ロープを追いかけるように入るとうまくいきます。また、ロープに対して垂直にではなく、ななめに入ることも大切なコツです。

できないときはもうひとこと!! 回している人にさわってから入ってごらん

　「回している人にさわってから入ってごらん」という言葉も効果があります。大なわに入る方向が悪いと、ロープについて入ることができません。ななめから走り込むと入りやすくなります。右手のひらをロープを回す人の腰においてから、反対側で回している人に向かってロープに入ります。

ロープを追いかける

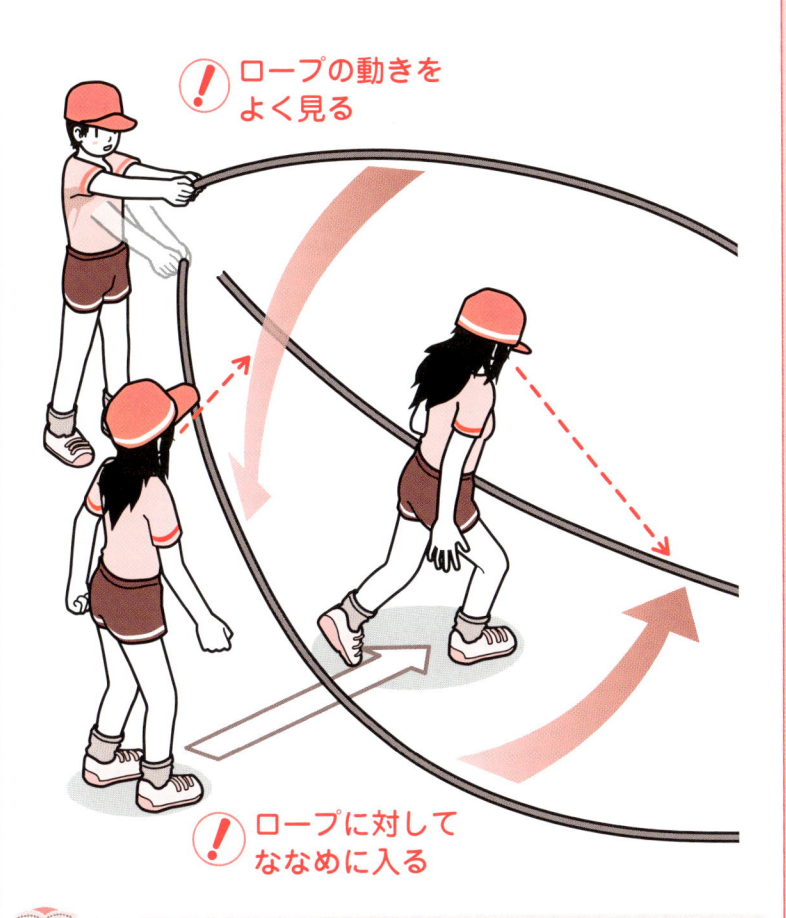

！ ロープの動きをよく見る

！ ロープに対してななめに入る

「大なわ跳び」はロープ回しが要

「大なわ跳び」は、全国的な大会があるほど人気のある種目です。クラスのみんなで協力して楽しくできるよさがあるからでしょう。

跳ぶ子どもたちの技術が大切なのはもちろんですが、それ以上にロープの回し方が重要です。ロープ回しがうまいと、ロープにかかりそうになった場合もかからないように調節することができます。

その他の運動 フラフープ

魔法の言葉 94 おヘソを前後に動かしてごらん

どうしてできないの？

ココをCheck！
□腰を回していないかな？

コレで解決！ 腰を前後に動かす

「フラフープ」は昭和に流行した遊びですが、今でも多くの小学校がたくさんのフラフープを用意しています。体育の授業では、輪を並べて片足で跳びながら移動するケンパや、もちろん腰を使って回す遊びもします。

しかし、子どもたちにとっては、フラフープを回すことはかなり難しく、長い時間回せる子はほとんどいません。

自分の腰をいくら回しても、フラフープはうまく回転してくれません。「**おヘソを前後に動かしてごらん**」という言葉をかけるようにします。回転に合わせて腰を前後に動かすことで、うまく回し続けることができるのです。

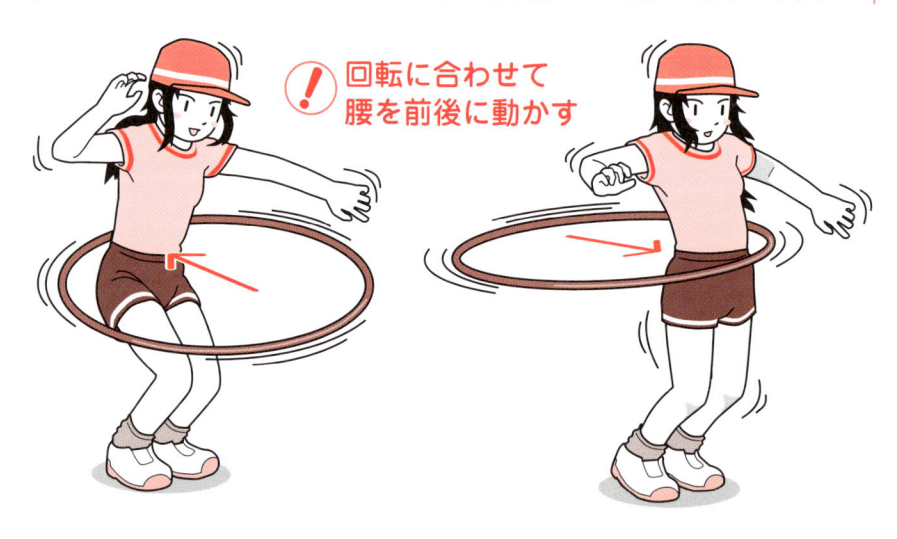

⚠ 回転に合わせて腰を前後に動かす

その他の運動 竹馬

魔法の言葉 95
腕を伸ばして前に倒れながら歩いてごらん

ココをCheck! どうしてできないの？
- □ 棒を後ろに引き寄せていないかな？
- □ 体重を後ろにかけていないかな？

コレで解決！ 棒を前に倒して前に進む

「竹馬」は昔からある、誰もが知っている遊びです。もともとは竹でつくられていましたが、今ではスチール製のじょうぶなものが使われています。高さの調節は少し難しいのですが、最初はいちばん低くして練習します。

竹馬でよくある失敗は、なかなか前に進めずに、後ろに倒れてしまうことです。その原因は、恐怖心から竹馬の棒を引き寄せてしまうことにあります。思っているよりも、ぐんと前に棒を傾けないと竹馬には乗れません。前に進むには、さらに前に棒を倒す必要があります。**「腕を伸ばして前に倒れながら歩いてごらん」**という言葉で、少しずつ竹馬で歩けるようになります。

⚠ 棒を前に傾ける

⚠ 怖がらずに歩く

| その他の運動 | 平均台 |

魔法の言葉 96 足の裏でなぞりながら歩いてごらん

ココをCheck! どうしてできないの？
- □片足立ちになっていないかな？
- □自分の足ばかり見てないかな？

コレで解決！ いつも足を平均台につけて歩く

「平均台」の上を歩くというのは、体育の時間に低学年のころから行います。

高学年になったら、体操競技の女子種目の平均台のように、前を向いたまま歩けるようにしたいものです。

平均台を歩くときにバランスをくずして落ちてしまうのは、一瞬だけ片足立ちの状態になるからです。また、前を向いたまま片足を離してしまうと、足を置く場所がよくわからなくなるのです。

「足の裏でなぞりながら歩いてごらん」という言葉をかけると、いつも足が平均台にさわっているようになり、バランスよく歩くことができます。

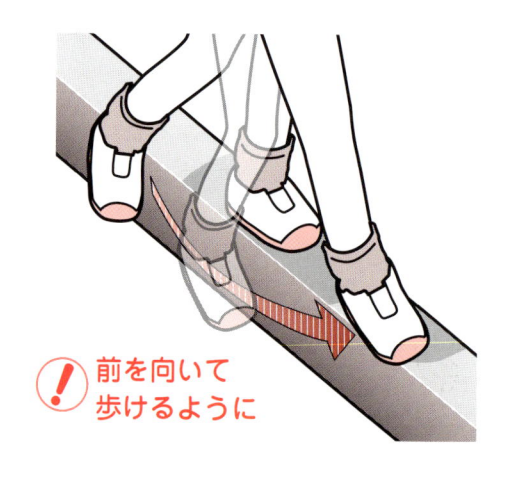

⚠ 前を向いて歩けるように

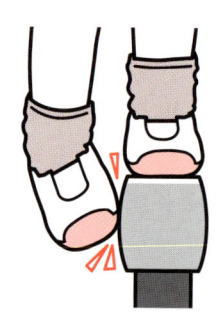

⚠ 足の裏で平均台をさわる

その他の運動 登り棒

魔法の言葉 97
シャクトリ虫になって登ってごらん

ココをCheck! どうしてできないの？
- □ 棒をはさむ足の力が弱くないかな？
- □ 足が滑っていないかな？

コレで解決! 体を伸ばして持ち上げる動きを繰り返す

「登り棒」は小学校の校庭に必ずあり、体育のときにも活用されています。はじめに、棒につかまったまま１０秒以上そのままでいられるか確かめます。すべりにくくするため、なるべく裸足でやったほうがよいでしょう。

棒につかまることができたら、足で棒をはさんだまま体を伸ばし、５０cmほど上をつかみます。次に腕を曲げて体を持ち上げて、足を５０cmほど上にからめるようにします。これの繰り返しです。

伸びたり縮んだりして進む様子はまるでシャクトリ虫。「シャクトリ虫になって登ってごらん」という言葉で、動きのイメージを伝えることができます。

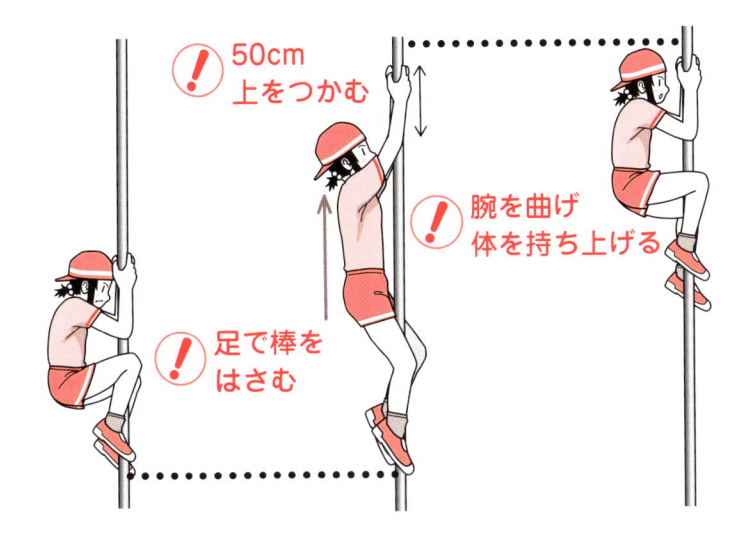

- ⚠ 50cm上をつかむ
- ⚠ 腕を曲げ体を持ち上げる
- ⚠ 足で棒をはさむ

その他の運動　スキップ

魔法の言葉 98　片足2回のケンケンで走ってごらん

ココをCheck!　どうしてできないの？
- □リズムが間違っていないかな？
- □動きがぎくしゃくしていないかな？

コレで解決！　リズミカルに、軽やかにジャンプを繰り返す

　「スキップ」ができるかどうかは、その子の運動技能に左右されます。年齢に関係なく、できない子の多くは、なわとびや跳び箱も苦手です。

　しかし、スキップはそれほど難しい動きではありません。右足、右足、左足、左足の繰り返しでジャンプをしながら走っているだけです。それをリラックスした状態で、リズミカルに、軽やかに行うのです。

　まずは「片足2回のケンケンで走ってごらん」という言葉で動き方を伝え、しだいに力を抜いていくようにします。応用として、後ろ走りスキップ、スキップなわとびなどもあるので、挑戦してみてください。

！力を抜いて　①　②　①　②

！リズミカルに軽やかに

その他の運動 一輪車

魔法の言葉 99 行きたい所におヘソを向けてごらん

どうしてできないの？ ココをCheck!
☐ バランスが崩れていないかな？

コレで解決！ 上体をひねってサドルの向きを変える

　「一輪車」もフラフープや竹馬と同様、小学校には必ず置いてある体育用具です。体育の授業で練習することはほとんどありませんが、休み時間の短いあいだですぐに乗れるようになった子どもはたくさんいます。自転車に乗る以上の難しさと練習が必要ですが、ぜひ挑戦してみてください。
　まっすぐ走れるようになったら、次は右や左に曲がることが目標です。「行きたい所におヘソを向けてごらん」という言葉で、意外に簡単に向きを変えられるようになります。上体をひねることによって、サドルの向きが変わり、一輪車の進む方向を変えられるのです。

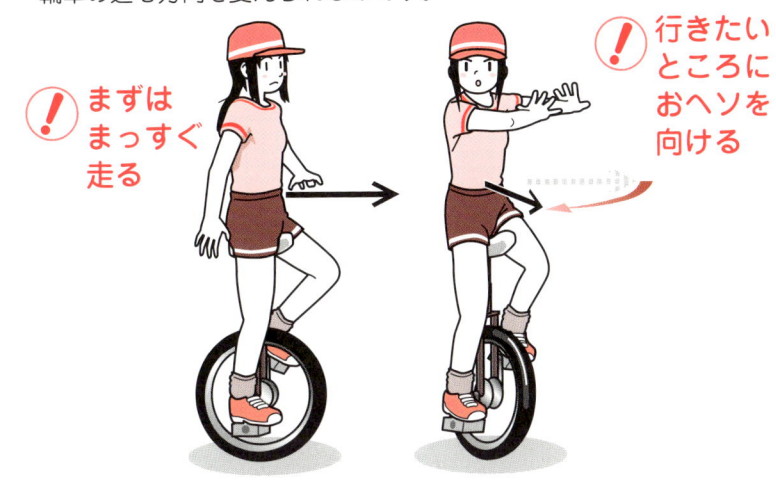

⚠ まずはまっすぐ走る

⚠ 行きたいところにおヘソを向ける

その他の運動 フライングディスク

魔法の言葉 100

投げ終わったら腕を伸ばして相手を指さしてごらん

どうしてできないの？ ココをCheck!
- □ 投げる方向が間違っていないかな？
- □ 体を正面に向けて投げていないかな？

コレで解決！ 投げたあとは相手に向かって腕を伸ばす

「フライングディスク」という名称よりも、有名な商品名の「フリスビー」のほうがなじみ深いかもしれません。体育で使うことはありませんが、ポピュラーな遊びで、子どもといっしょにおとなも楽しむことができます。

右投げなら右足を前にして、横向きになります。ディスクをお腹の前に巻き込むようにしたあと、手首のスナップをきかせて前方に投げます。このとき、投げる相手をよく見て、相手に向かって腕をしっかりと伸ばします。「投げ終わったら腕を伸ばして相手を指さしてごらん」という言葉で、ディスクが正確に飛ぶようになります。

⚠ ディスクをお腹の前に巻き込むように

⚠ 投げる相手をよく見る

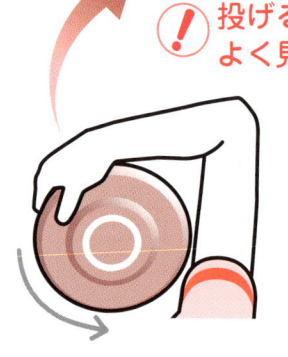

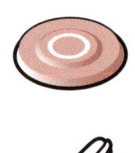

⚠ 腕を伸ばして相手を指さす

おわりに

　どうしてもできなかった動きが、指導者の一言ですっとできることがあります。それは、まさに効果バツグンの「魔法の言葉」です。

　指導の名人とは、そのような言葉をたくさん知っている人のことを言うのだと思います。

　私は、１０年以上前から、運動ができるようになる魔法の言葉がぎっしりとつまった本をつくりたいと願っていました。

　そしてついに実現しました。

　写真よりもイラストのほうが動きを正しく、わかりやすく伝えることができます。本書に使われたすばらしいイラストで、正しい動きが身につけられると思います。

　本書は、日本で初めて、いや、世界でも初めての画期的な本と言えると思います。

　運動が苦手な子をもつ親、体育指導に悩む先生、そして、運動ができるようになりたいと望む子どもたちにとって、本書が役に立てば幸いです。

著者　下山真二

著者プロフィール
下山真二（しもやましんじ）

岡山県津山市生まれ。東京学芸大学教育学部保健体育卒業。都内小学校での20数年の勤務を経て、現在、東京都大田区立千鳥小学校教諭。
日本最大の教育研究団体ＴＯＳＳに所属し、「スーパーとびなわ」「鉄棒くるりんベルト」等の人気体育教具を開発する。「誰でも運動ができるようになる」をモットーにマルチな活動を展開中。苦手体育克服研究会代表、(財)少林寺拳法連盟東京羽田支部副支部長としても活躍。少林寺拳法大拳士六段。著書に、『小学校の「苦手な体育」を１週間で攻略する本』（ＰＨＰ文庫）、『アッというまにさかあがりができたよ』（河出書房新社）、『かけっこが速くなる！逆あがりができる！』（池田書店）、『跳び箱ができる！自転車に乗れる！』（池田書店）、『きょうから体育が好きになる！』全５巻（鈴木出版）、『体育の教科書』（山と溪谷社）などがある。

逆あがり とびばこ マット運動が
たった一言で
あっというまにできる！

２０１０年７月１日　初版第１刷発行

著　者	下山　真二
発行者	穂谷　竹俊

発行所　株式会社 **日東書院** 本社

〒160-0022
東京都新宿区新宿２丁目15番14号　辰巳ビル
TEL　03-5360-7522(代表)
FAX　03-5360-8951(販売)
振替　00180-0-705733
URL　http://www.TG-NET.co.jp

印刷所●大日本印刷株式会社
製本所●株式会社セイコーバインダリー

本書の無断複写複製（コピー）は、著作権法上での例外を除き、著作者、出版社の権利侵害となります。
乱丁・落丁はお取り替えいたします。小社販売部までご連絡ください。
Ⓒ Shimoyama Shinji 2010,Printed in Japan
ISBN978-4-528-01158-8 C2075

■編集制作
ナイスク（松尾里央　吉田麻里　石川守延　上宮田里紗）
http://naisg.com/

■編集協力
岩本勝暁

■本文デザイン・DTP
HOP BOX
http://hopbox.info/

■イラストレーター
西原宏史

■カバーデザイン
CYCLE DESIGN